Barry Long
Deine Liebe leben

MB- Verlag

BARRY LONG

Deine
LIEBE LEBEN

Gespräche über
Liebe, Sex und Beziehungen

bearbeitet von Clive Tempest

MB-Verlag
Nürnberg, 2012

Barry Long
2. Auflage, 2012
© 2009 MB-Verlag
Deutsche Übersetzung © 2009 MB-Verlag
Im Vertrieb von NEUE ERDE
Cecilienstr. 29, D-66111 Saarbrücken
Tel 0681-595 398-0, Fax 0681-390 41 02

© The Barry Long Trust 2009
Englischer Titel "Living Love: The divine reunion of man and woman"
Nicht erschienen
Barry Long Books www.barrylongbooks.com

Informationen über Barry Longs Werke in Deutsch auf:
www.barrylongweb.com
Informationen in Englisch auf:
www.barrylong.org oder über
The Barry Long Foundation International
PO Box 5277, Gold Coast MC, Queensland 4217, Australien
info@barrylong.org

Umschlagfoto: Nexus7, Dreamstime.com
Foto von Barry Long: Rita Newman
Übersetzung: Ulrich Leske
Satz: Hubert Walter, Freiburg
Umschlaggestaltung: Christina Dreesen
Lektorat: Susanne Sußner, Martin Braun
Druck: Beltz, Bad Langensalza

ISBN 978-3-9807509-7-4

INHALT

Zwischen Männern und Frauen herrscht eine so mächtige Anziehung. Wie kommt es dann aber, dass wir uns gegenseitig unglücklich machen? Wo liegt die Lösung?

Barry Long untersucht den Sinn der Liebe und zeigt, wie Sexualität und Beziehungen transformiert werden können, bis schließlich die menschliche Liebe von der Liebe zum Göttlichen durchdrungen ist.

Dies ist ein Buch über eine Liebe, die unmöglich scheint, ein romantischer Mythos, und wie sie wirklich in unser Leben gebracht werden kann, in unsere eigenen Beziehungen, wenn wir aufrichtig und mutig genug sind.

Barry Long webt die Romantik in die alltäglichen Lebensumstände hinein. Seine Vision der Liebe ist leidenschaftlich und inspirierend, aber er wirft ein sehr kritisches Licht auf die Art, wie wir heute lieben.

Er erklärt, warum Sex die Liebe verdirbt und wie Zweifel und Ängste unsere Partnerschaften scheitern lassen. In seiner direkten und unverblümten Art drängt er uns zur Lösung.

Dies ist ein Kurs über das Leben und die Liebe, basierend auf Transkriptionen von Vorträgen des australischen Autors und spirituellen Lehrers, der durch seine radikale tantrische Lehre am bekanntesten wurde.

Die Vorträge wurden redigiert, um das Buch lesbarer zu machen, aber die Qualität des Sprechens wurde erhalten. Jeder Vortrag nähert sich dem Thema Liebe von einer anderen Seite. Du wirst jedoch bestimmte Leitmotive und Wiederholungen erkennen. Diese sind nicht nur Eigenheiten von Barrys Rhetorik, sondern sind Ausdruck seines Lehrstiles – indem er immer wieder durch die vielen Ausdrucksformen zu der einen Wahrheit zurückkehrt und, tiefer und tiefer gehend, immer mehr Wissen über die Liebe einführt.

Tonaufnahmen der Vorträge sind auf Englisch erhältlich. Dieses Buch wurde veröffentlicht, um sie einer deutschen Leserschaft nahe zu bringen.

Clive Tempest

DER SINN DER LIEBE

Zunächst würde ich dir gerne den Mythos hinter meiner Lehre von Mann und Frau erzählen. Er ähnelt dem griechischen Mythos von Pygmalion. Er war bekanntlich Bildhauer und sein Ziel war es, die Frau in Stein zu meißeln, die seinem Herzenswunsch entsprach. Er fing damit an und arbeitete Tag und Nacht. Als die Figur allmählich hervortrat, betrachtete er manchmal unbeweglich ihre entstehende Schönheit. Er liebte diese Frau sehr. Zum Schlafen legte er sich neben die Statue, und wenn er aufwachte, war sie ihm immer vor Augen, denn er tat nichts anderes als an der Figur zu arbeiten und sie zu formen. Manchmal glitten seine Hände mit liebender und tiefer Zuneigung über die Statue. Er fühlte die wunderbaren Linien der Figur und manchmal berührten seine Lippen ihre Schultern, Stirn und Arme. Er konnte nicht anders. Er liebte einfach dieses entstehende Abbild seines Herzenswunsches, der Frau seiner Träume, seiner Liebe in ihm. Eines

Tages küsste er sie so liebevoll auf die Lippen ... und zu seiner großen Verwunderung bewegte sich die Statue. Ihre Arme legten sich um ihn und umarmten ihn.

In dem Mythos hinter meiner Lehre wird die Frau dem Mann mit einer Härte ähnlich der (sagen wir mal) eines schönen Stückes Marmor präsentiert. Es hat ihre Schönheit verhärtet. Sie ist ganz Liebe, aber wenn sie durch die Pubertät geht, beginnt sie, Furcht vor der Liebe zu entwickeln. Ihre erste Erfahrung der Liebe ähnelt sehr selten ihrem inneren Wissen davon; und das wird auch später nie so sein. Ihre Erfahrungen als Teenager macht sie mit der ungeschickten Liebe eines jungen Mannes, wie leidenschaftlich diese auch immer sein mag. Und aufgrund der Indoktrinierung durch die Gesellschaft mit ihrem Fokus auf sexueller Erregung wächst die Furcht vor der Liebe – obwohl sie die Erregung genießt, und die Liebe, wenn sie da ist. All ihre darauf folgenden Erfahrungen bringen, wenn sie in ihr drittes Lebensjahrzehnt geht, diese gewisse Härte in sie hinein. Es ist die herbe Enttäuschung, dass sie nicht die Liebe finden kann, wie sie sie in ihrem innersten Wesen kennt. Jedes Mal, wenn sie sich einem Mann hingibt, um erreicht zu werden, um in Liebe erreicht zu werden, ist die Liebe nicht da. Es endet in Enttäuschung oder gebrochenem Herzen oder, im schlimmsten Fall, in Gleichgültigkeit.

All diese Enttäuschungen und Kompromisse lassen in der Frau diese Härte entstehen. Sie ist wie der herrliche Marmorblock, der in das Studio des Bildhauers geliefert wird. Der Mann hat vor sich eine wunderschöne Frau, die in der Vergangenheit ihrer Enttäuschungen eingeschlossen ist. Sie ist deshalb keine wirkliche Frau. So sehr sie auch eine von Liebe und Schönheit erfüllte Frau ist, so sehr ist ihr die Fähigkeit, sie auszudrücken, verwehrt.

Solange die Frau nicht richtig vom Mann geliebt wird, kann sie nicht lebendig werden. Natürlich hat sie Leben und Liebe in sich, aber ich rede davon, dass das Leben in ihre Sinne aufsteigt, so dass sie die Liebe sein kann, die sie ist; so dass sie jene schöne Frau sein kann und nicht mehr in den vergangenen Erfahrungen, ihren Enttäuschungen, ihrem Unglück und ihren Stimmungen gefangen ist - alles, was durch den Mangel an Liebe in sie hineingetragen wurde. Das Einzige, was der Frau all diese Härte nehmen kann, ist der Mann, der Bildhauer. Die einzige Aufgabe des Mannes ist es, die Frau zu befreien. Indem er sie befreit, befreit er sich selbst. Indem er sie lebendig macht, macht er sich selbst lebendig. Das ist die Wahrheit, oder der Mythos, hinter meiner Lehre von Mann und Frau.

*

Der Mann muss sich also wie der Bildhauer dem Marmorblock zuwenden und ihn allmählich zum Leben erwecken. Das kann er allerdings nicht, wenn irgendeine sexuelle Erregung in ihm ist. Pygmalion war nicht erregt, als er die Linien der Schönheit an der Skulptur liebkoste. Jeder Frauenkörper hat sie. Das Haar, die Wangen, die Schultern, das Gesicht, der Busen, jeder Teil von ihr ist von Gott so wunderschön erschaffen. Das Potential, diese Schönheit, dieses herrliche, wunderbare Abbild der Liebe zu sein, ist im Körper jeder Frau enthalten. Wenn ein Mann sich nur so weit bringen könnte, das, was da ist, zu sehen! Der Bildhauer sieht mit seinem inneren Auge das Potential, die Schönheit, in dem Marmorblock; und so arbeitet er mit Liebe und Intuition, nicht einer Idee folgend, sondern spontan vom Genius der Liebe aus, der in uns allen ist; aber nicht als etwas Persönliches.

Jeder Mann hat ihn also in sich. Er ist von Gott geschaffen – vom Leben – und hat so die Macht erhalten, diese schöne Frau zum Leben zu erwecken.

Die Liebe des Mannes ist das Einzige, was die Frau zum Leben erwecken kann. Keine Frau kann das alleine tun. Ich spreche vom *Mythos*, sei also bitte nicht beunruhigt! Und doch sage ich dir die Wahrheit.

Es fängt damit an, ihre Schönheit zu sehen. Nicht nur sie zu bemerken. Und nicht mit dem Wunsch, sie zu besitzen. Es fängt damit an, ihre Schönheit zu sehen und sie zu lieben. Mit seinen Händen, mit seinen Lippen, sie mit seinem Körper zu lieben, so dass sie die süße Schönheit und Leidenschaft der Liebe empfängt. Aber in dieser Gesellschaft des Sex und der Erregung fühlt sie seine sexuelle Erregung. Anstatt sie zum Leben zu erwecken, bringt er ihr Verhärtung. Und so wird sie äußerlich und als Person defensiv und ist darin sehr überzeugend. Aber das ist sie nicht wirklich. Es verbirgt die weiche und schöne Frau in ihr, die darauf wartet, geliebt zu werden. Der Mann hat Gottes Schöpfung zu seinem eigenen Vergnügen und seiner eigenen Erregung in einen sexuellen Kokon eingesperrt.

Das wahre Vergnügen für den Mann ist es, eine Frau wirklich zum Leben zu erwecken. Aber dann kann er nicht mit jeder Frau, die ihm über den Weg läuft, ins Bett gehen und sich überschwänglich aufplustern, tun, was ihm gefällt, und seine oberflächlichen Wünsche befriedigen. Die Frau, die ja Liebe ist, neigt dazu, jedes Angebot zu akzeptieren ... (Ich leugne nicht deine Intelligenz, Frau. Ich möchte, dass du mich aus deiner Tiefe hörst.) ... Die Frau hungert so sehr nach Liebe, dass sie, wenn jemand kommt und ihr Liebe zeigt, sie dazu tendiert, sich ihr öffnen. In ihr ist das ewige Wissen, dass „Liebe ist". Sie ist ihr ganzes Leben hindurch Männern gegenüber verwundbar, die mit liebevollen Worten oder einer liebevollen Art zu ihr kommen. Schließlich wird sie sich dem hingeben – aber nicht immer mit dem besten Ergebnis, denn, wenn der Mann sexuell ist, ist er sehr gerissen und kann sich liebevoll präsentieren, ohne es zu sein. Wenn er das tut, verneint er sein eigenes Leben. Ich sage dir, Mann, nichts kommt der Liebe zur Frau gleich. Alles andere ist Ersatz. Deine Yachten, deine Geschäfte, deine großartigen Fähigkeiten und all die Dinge, die du tun kannst, sind nur Ersatz für die Liebe zur Frau.

Das Leben auf Erden beginnt mit Mann und Frau. Es gibt nur das Prinzip männlich / weiblich und es wandert durch das ganze Tierreich nach oben zu den Prinzipien von männlich und weiblich, ausgedrückt und verkörpert als Mann und Frau, den beiden Polen der Liebe. Die einzige Weise, die Liebe in der Existenz, auf dieser Erde jemals zu finden, ist durch die Vereinigung von Mann und Frau. Und die Liebe, die Bestand hat und die das Bewusstsein Gottes oder des Lebens enthüllt, ist die Liebe, durch die sie sich gegenseitig zum Leben erwecken.

Aber jetzt hat die Frau die Furcht vor der Liebe in sich. Und auch der Mann hat Angst. Mit seinem inneren Auge sieht er den Klumpen einer verhärteten Frau und die Aufgabe, die vor ihm liegt – sie ins Leben zurückzulieben. Das erschreckt ihn und er zweifelt an sich. Sein Bewusstsein ist durch Sex und Erregung konditioniert worden, und da er sich kennt, ist er sich im Klaren, dass es einen Teil in ihm gibt, der sich nur selbst befriedigen will. Es gibt diesen sexuellen Anteil in ihm; und dennoch gibt es auch den edlen Anteil, der von Gott für diese Aufgabe geschaffen wurde.

Wir existieren schon so viele Tausende von Jahren. Zwanzig oder dreißig tausend Jahre? Wie sollen wir wissen, wie lange unsere Existenz als Mann und Frau schon dauert? Aber in all dieser Zeit hat sich die gesamte Existenz immer mehr verhärtet. Wir sind eingehüllt in (sagen wir) 30.000 Jahren sich ansammelnder Härte,

als ob wir zu Stein würden. Wir verlieren den Kontakt
zu unserem Körper. Wir haben das herrliche Wunder
verloren, in unserem Körper frei zu sein. Wir sind durch
unsere Emotionen blockiert (welche 30.000 Jahre
vergangener Existenz repräsentieren!). Wir haben in
uns ein Selbst wie aus Stein erschaffen. Es weiß nichts
von Liebe. Aber es weiß alles über Sex und Erregung,
Orgasmus und Selbstbefriedigung. Und doch ist unter
diesem Stein, diesem Selbst, die glorreiche Essenz von
Mann und Frau. Und heute warten wir darauf und
sehnen uns danach, irgendwie zum Leben erweckt zu
werden – wirklich wieder zu atmen anzufangen, wieder frei zu sein, jeden Morgen in Freiheit aufzustehen
– zum Lieben gebracht zu werden.

Ohne Liebe werden wir allmählich spröde. Wir
trocknen aus. Und so sage ich: „Liebe bringt alles zum
Leben".

*

Der Mann denkt an nichts in seinem Leben mehr als
an die Frau. Er ist mit seinen Geschäften und all seinen Aktivitäten beschäftigt, aber seine grundlegende
Motivation und Verlangen gilt der Frau. Und dennoch

hat er Furcht in sich – vor seiner eigenen Sexualität, vor seiner Unfähigkeit; Furcht vor seinem Mangel an Liebe. Manchmal muss er eine Haltung von Draufgängertum und Stärke annehmen. Aber das ist nicht wirklich seine Wahrheit. Es ist eine Verteidigung gegen die Liebe. Die Frau genießt das nicht in einem Mann. Sie möchte nicht, dass er so ist. Sie möchte nur, dass er ihre Schönheit würdigt und sie liebt. Aber sie will das nicht einfach aus Selbstgefälligkeit. Der Mann kann nichts ihrem Selbst zuliebe tun, weil die Forderungen des Selbst endlos sind. (Das Selbst ist diese Härte, der Stein in ihr, der aus all ihren vergangenen Erfahrungen und gebrochenen Herzen besteht.) Aber wenn er anfängt, sie zu lieben, wird sie ihr Selbst aufgeben. Die Aufgabe des Mannes ist es, in diese Vergangenheit zu gehen, stark genug zu sein, bei ihr zu stehen, während ihre Vergangenheit sich als Emotion ausdrückt. Er muss, so gut er kann, fest bleiben und sich bemühen sie zu lieben, während die Emotionen ihn zu überwältigen und abzuschrecken versuchen. (Die Menschen verwechseln oft Liebe und Emotion. Die Liebe enthält keine Vergangenheit.)

Wenn eine Frau weiß, dass ein Mann sie wahrhaft liebt und annimmt, wird sie ihre vergangene Persönlichkeit aufgeben. Sie wird für die Liebe alles aufgeben. Dafür ist sie geschaffen. Aber sie wird sich nicht zum Narren halten lassen. Wenn der Mann, der zu ihr kommt, um sie zu lieben, ihr in irgendeiner Weise etwas vorspielt, wird er herausfinden, dass sie, so schön sie ist, weiterhin emotional ist. Und sie wird ihm das Leben zur Hölle machen. Ihr Schutz – unbewusst – sind ihre Emotionen. Es ist die Form, in der sie dem Mann seine Unehrlichkeit und Unwahrhaftigkeit heimzahlt. Dies ist keine Rechtfertigung der Emotionen. Ich zeige nur auf, wie es ist.

Wenn der Mann sie zu lieben beginnt, ist die Reaktion der Frau eine Zeit lang, ihren Emotionen freien Lauf zu lassen. Sie bringt einen Teil ihrer Vergangenheit nach außen. Am Ende wird sie all ihre Emotionen aufgeben und mit Liebe antworten.

Als die Welt noch sehr jung war, und ebenso Mann und Frau, war unser Körper nicht so verhärtet wie heute. Wir sind in unserem Körper sehr substanziell. Aber in jener Zeit, als es so wenig Vergangenheit gab, so wenig Selbst, hatten wir Körper, die nicht die heutige Form und Substanz hatten. Man könnte sie „Vitalkörper"

nennen, und wir existierten als Wesen mit je einem
individuellen Bewusstsein, jeder als ein Licht, einfach
ein vitales „Licht". Wir hatten das Potenzial für Form
und Substanz und wir waren mit der entstehenden
Erde verbunden, mit dem Potenzial des Erscheinens
der Erde. Wir waren mit der gesamten Natur durch die
wunderbare Sache verbunden, die wir jetzt „Raum"
nennen. Wir blicken durch den Raum und sehen
einander. Aber wir haben keine Ahnung, was Raum ist.
Wir akzeptieren einfach, dass er es uns ermöglicht, all
die verschiedenen Objekte zu sehen. Aber am Anfang,
als das Leben und wir sehr jung waren, war der Raum
faktisch Liebe.

Der Raum, der jetzt vor dir ist, ist tatsächlich Liebe.
Aber so, wie wir unseren Körper mit Vergangenheit
angefüllt haben und ihn durch Selbst-Rücksicht und
selbstsüchtige Motive verhärtet haben, haben wir das
Wunder und die Schönheit aus dem Raum genommen. Ursprünglich war Kommunikation in ihm enthalten. Jetzt kommunizieren wir durch ihn hindurch
mit unseren Stimmen und all unseren Botschaften.
Als die Welt sehr jung war (und wir auch), sprachen wir nicht. Wir hatten keine tollen technischen
Spielereien, um Botschaften zu versenden. Wir waren
die Botschaft. Wir waren das Licht. Jeder von uns war

ein einzelnes Bewusstsein – welches sich Gottes, des
Lebens und der Wahrheit bewusst war, ebenso wie des
Wunders, mit dem gesamten Potential des Lebens auf
Erden eins zu sein. Wir waren alle durch eine außeror-
dentliche gegenseitige Liebe verbunden – Liebe zum
SCHÖPFER, dem HÖCHSTEN.

Der Raum ist diese Liebe, nur ist das Leben aus ihm
herausgenommen worden, genauso, wie der größte
Teil des Lebens aus uns herausgenommen worden
ist. Also haben wir Alkohol und Drogen und Sex, alles
Mögliche, um das Leben zu ersetzen, das uns entzogen
worden ist. Wir wissen nicht, wie es ist, in Frieden und
Liebe zu leben.

In jener Zeit waren wir einfach individuelles
Bewusstsein, welches keine Form hat, welches niemand beschreiben kann – außer, dass ich es versuche,
indem ich sage, es sei „ein Licht". In jener Zeit konnte
ich, anstatt irgendwo hinzugehen, um einen Baum
anzusehen oder unter ihm oder auf ihm zu sitzen,
„in" ihm sitzen. Ich konnte in einer Blume sitzen,
denn ich war so sehr der ganzen Natur gleich und
so rein, dass kein Teil von mir diese beschmutzen
konnte. Ich konnte in einem Baum sitzen, weil ich so
wenig Vergangenheit, so wenig Selbst in mir hatte.
Ich hatte keine Form angenommen. Ich benutzte zur

Verständigung keine Worte. Diese kamen viel später,
als ich meinen Sinn für die Liebe zu verlieren begann.
Ich kommunizierte durch mein Wesen, mein Licht
– ähnlich dem Glühwürmchen. Man erwartet nicht,
dass es ein kleines Insekt ist. Man kann nur das Licht
sehen und es ist wunderschön in der Schwärze der
Dunkelheit, wenn es da und dort aufflackert. Wir
waren etwas Ähnliches. Wir strahlten Bewusstsein
aus – genau wie wir es jetzt tun. Denn das gesamte
Bewusstsein, das hier war, als die Welt und wir sehr
jung waren, ist immer noch in uns. Es ist in dem
Körper, der jetzt diese Worte empfängt. Es ist genauso
frisch und neu, genauso unberührt und vollkommen,
genauso schön wie damals. Der Unterschied ist, dass
wir uns jetzt mit unserem sichtbaren Körper und
der Natur um uns identifizieren. Wir verließen unser
Bewusstsein und wurden intelligent. Wir breiteten uns
aus in die Form – weil wir das tun müssen.

Der ganze Sinn des Lebens besteht darin, dass
meine Intelligenz (die wir alle haben) meine Härte aufgibt; meine Ängste, meine Zweifel, meine Negativität
und meinen Ärger aufgibt – mein Unglücklichsein aufgibt, so dass meine Intelligenz durch meinen Körper
zurückgehen kann, durch all diese Vergangenheit, um
das herrliche Wunder der Zeit zu realisieren, als wir

und die Welt jung waren. Ich kann das. Denn das ist das spirituelle Leben. Der ganze Sinn des spirituellen Lebens ist es, wieder unschuldig zu werden, wieder rein und schön zu werden. Es geht nicht darum, zu richten – die Person im Spiegel zu verurteilen – welche niemals schön ist. Der Sinn ist, das Leben in mir zu sein, die lebendige Einsicht zu sein: „Ich bin frei. Ich bin Liebe."

In diesem „lebendigen Leben" strahle ich jeden Augenblick mein Wesen aus, welches Liebe, Leben, Tod, Wahrheit und Gott ist. Das ist, was wir in jener Zeit vermittelten, als wir und die Welt sehr jung waren. Nur mussten wir nicht reden. Wir mussten keine Geschichten erfinden oder uns gegenseitig zu überzeugen versuchen. Wir kommunizierten, was wir sind. Und genau das versuchen wir jetzt – zu kommunizieren, was wir sind. Wenn wir die Identität eines Geschäftsmannes angenommen haben, versuchen wir, das zu vermitteln. Und das Gleiche gilt für jede Identität, die wir angenommen haben. Alles versucht, zu kommunizieren, was es ist, sogar in seiner Unwissenheit. Als die Welt und ich jung waren, war mein Wesen das Einzige, was es wert war, mitgeteilt zu werden. Ich war das Sein des Lebens, ohne dass ihm irgendetwas übergestülpt wurde. Ich war Liebe. Ich war Wahrheit. Ich war das Sein meines

Wesens. Und ich benutzte meine Liebe (der mich umgebende Raum) dafür, mein Wesen zu kommunizieren und auszustrahlen.

*

Die Liebe bringt alles zum Leben.

Sieh die Blumen an. Die Liebe bringt sie zum Leben.

Wie ist das möglich?

Erstens: Weißt du, dass die Blumen verschwinden würden, wenn du, die Person, plötzlich verschwändest? Zusammen mit allem anderen. Wenn du zurückkehrst, werden die Blumen lebendig, wie die ganze Natur. Wenn du nicht da bist, ist sie nicht da. Du weißt es vielleicht nicht, aber du bist Liebe. Du kannst gar nicht anders als Liebe zu sein. Und du bringst alles zum Leben. Und zwar deshalb, weil du individuelles Bewusstsein bist, fähig, den Raum, von dem ich sprach, welcher Liebe ist, wahrzunehmen oder das Wissen von ihm zu haben. Dieser Raum ist in dir und da, wo das Leben ist.

Du kannst Liebe ausstrahlen und kommunizieren, einfach durch Sein – durch Nichtstun. Wir strengen uns immer an, etwas zu sein, strengen uns an besser zu sein; immer strengen wir uns an – obwohl wir nichts anderes tun müssen als jetzt zu sein, um zu dem, was wir sind, zurückzukehren. Deshalb bemühen wir uns im spirituellen Leben, in dieses Jetzt-Sein hineinzugehen, um eine Ahnung von dem Wunder dieses stillen, ruhigen Ortes zu bekommen, des Ortes wahrer Liebe und wahrer Kommunikation. Ich kann ihn tatsächlich realisieren (wirklich machen), wenn ich still genug sein kann, um meine Anhaftung an mein Unglück, an meine Stimmungen, an meine Negativität und an die Verhärtung meiner Persönlichkeit aufzugeben.

Wenn der Mensch nur aufgeben könnte, was ihn hart gemacht hat! Aber genau das muss er tun. Um zu meinem Mythos von Mann und Frau zurückzukehren: Um der Bildhauer zu werden, muss der Mann zuerst seine Kunst erlernen. Genau das tut er, wenn er mehr und mehr seine Negativität, seinen Ärger und seine Stimmungen aufgibt. Er muss seine Frustrationen und vor allem seine sexuellen Fantasien aufgeben.

Der Mann hat eine mentale Welt erschaffen und jeder geht immer weiter in sie hinein, in den evolutionären Traum, den diese Existenz darstellt. Wir haben Computer als Erweiterung unseres Verstandes erfunden, weil sie schneller arbeiten. Ganz allmählich kriechen wir in sie hinein. Wir können nichts dagegen tun. Das ist die Entwicklung. Eines Tages werden wir keinen Körper mehr brauchen. Wir werden eine virtuelle Realität erfunden haben, im Glauben, sie würde uns die Liebe geben, die wir ersehnen. Natürlich kann sie das nicht. „Virtuell" bedeutet „nicht tatsächlich"! Der evolutionäre Fortschritt der Wissenschaft und Gesellschaft führt weg von der Liebe. Obwohl wir an diesem großen, ignoranten Fortschritt teilhaben, ist das Wunderbare, dass ich gleichzeitig in der Lage bin, immer tiefer in das grenzenlose Potential des inneren Raumes im Körper hinabzusteigen.

Es gibt nur ein Ich im Universum. Ich bin in dem Körper, der diese Worte spricht. Ich bin in dem Körper, der sie hört.

In dem Maße, wie ich die Last meiner Negativität aufgebe, kann ich immer tiefer in die Stille gehen. Ich kann tiefer in die verschiedenen Realitätsbereiche in meinem Körper hinein sinken. Je tiefer ich hinabsteige, desto größer ist ihr Wert. Je stiller ich bin, desto mehr kann ich das Reich der Stille realisieren. Indem ich jeden Gedanken oder überhaupt jede mentale Form aufgebe, steige ich tiefer in Realitätsbereiche hinab, die absolut erstaunlich sind, wie viele wissen, die dort waren. Schließlich erreiche ich den Ort, wo „die Welt sehr jung war und wir mit ihr". Ich bin in meinem Bewusstsein dort – sonst könnte ich nicht so davon sprechen. Es ist mein Wesen. Es ist dein Wesen. Wir sind davon weg in eine mentale und emotionale Welt verführt worden. Den Weg zurückgehen heißt, damit zu beginnen, das Mentale in uns aufzugeben – all das endlose Denken; und die endlose emotionale Auseinandersetzung mit meinem Selbst und meinen Problemen zu beenden – indem ich sie praktisch angehe, so gut ich es kann.

Also, Mann, du musst dich darauf vorbereiten, der Bildhauer zu sein, indem du deine Negativität aufgibst und all die Dinge tust, die ich erwähnt habe. Dann wirst du mehr und mehr zu einem vollendeten Künstler werden. Denn alle Kunst ist ein Ersatz für die größte Kunst - wenn das Wesen im Menschen erscheint. Diese Kunst führt zu einem fundamentalen Wandel, einer Transformation, welche mich von der unglücklichen Person befreit. Sie befreit mich von jener Negativität und ermöglicht es dem Wesen zu erscheinen, entsprechend seinem „Licht".

Für mich ist also die große Kunst, das zu sein, was ich bin. Und ich bin Bewusstsein. Ich bin Liebe und ich bin Wahrheit. Ich bin eine Spiegelung des „großen Wesens" – des HÖCHSTEN, GOTTES, Schöpfers aller Dinge.

Aber ich muss nicht wie irgendein anderes Bewusstsein sein. Ich muss nur sein, was ich bin, mein Licht, und einfach durch diesen Körper und diese Sinne hindurch scheinen. Die Kunst ist, das hervorzubringen.

Die Art und Weise, wie der Mann diesen fundamentalen Wandel herbeiführen kann, ist die wundervolle Kunst, die Frau zum Leben zu erwecken. Es ist eine hohe Kunst, denn sie erfordert ein Höchstmaß an Liebe, Edelmut, Leidenschaft, Ausdauer ... Aber ich kann dir sagen, Mann: Du kannst das schaffen, und sie wartet auf dich. Bis jetzt hast du gemäß deinem Wissen und der Konditionierung durch eine korrupte Gesellschaft, die die Liebe nicht kennt, dein Bestes getan. Weil du in der Vergangenheit mit der Frau nicht ehrlich warst, wird sie deinen Worten nicht glauben. Aber du kannst es tun - denn ich habe es getan. Ich, der Autor, mache aus der Frau das, was sie ist. Gott schuf die Frau. Der Mann muss sie – mit seiner Liebe – dazu machen; weil sie es nicht alleine tun kann. Er muss die Aufgabe übernehmen. Er muss ein wahrer Mann sein, um es zu tun. Und sie muss eine wahre Frau sein. Sie muss in der Lage sein, ihre eigene Härte zu sehen, die sie sich angeeignet hat und mit der sie sich identifiziert hat. Sie muss sehen, was ihr Selbst ist: „Das bin nicht ich." Sie muss bereit sein, ihre Stimmungen und ihr Unglücklichsein aufzugeben, weil der Mann sie liebt.

Er wird sie nicht so lieben, wie sie es sich wünscht oder erträumt. Die rechte Art, sie zu lieben, ist nicht so, wie sie es sich vorstellt. Er wird sie lieben, damit sie ihre Härte aufgibt. Sie wird ihre Stimmungen nur aufgeben, wenn der Mann sie entsprechend der Heiligkeit in ihm liebt, welche die Natur seiner Liebe ist. Das ist kein an einem Konzept ausgerichtetes Lieben.

Für den Mann gibt es nichts Machtvolleres als die wunderbare Schönheit der Frau im physischen Liebesakt. Er wird von ihr gestärkt und genährt, wenn sie in der Lage ist, ihm alles zu geben, was in ihr ist. Sie gibt es ihm nicht; sie öffnet sich nur in völliger Hingabe an die Liebe, die er ist. Und dabei geschieht eine große Übertragung ihres weiblichen Bewusstseins. Es überträgt sich auf ihn energetisch, vital, auf eine Weise, die

wir nicht beschreiben können. Das Erste, was er sagt,
wenn es geschieht, ist: „Ich bin vollständig."

Den größten Teil unseres Lebens sind wir zersplit-
tert. Wenn ich zur Liebe zurückgefunden habe, bin ich
vollständig. Mann und Frau sind die Mittel zu dieser
Vervollständigung, was so offensichtlich ist, aber so
oft vermieden wird.

Ich wiederhole, was ich vorher schon sagte: Der
Raum um dich herum in diesem Moment ist ein
Kommunikationsmittel, wie das Bewusstsein der
Liebe, obwohl Leben und Liebe aus ihm entfernt wur-
den. Aber der Raum ist auch in dir. Indem wir durch
all unsere Vergangenheit hindurch zurückkehren,
kommen wir an einen unschuldigen Ort, wo der Raum
Liebe ist und sich mitteilt. Dort müssen wir nichts tun.
Es ist ein herrlicher Ort. Es ist wie nach Hause zu kom-
men. Es ist der Ort, wo wir zum Leben erwachen.

Es mag in deinem Leben keinen Geliebten / keine
Geliebte geben, aber der Ort der Liebe ist dennoch
in deinem Körper. Wenn du jetzt älter bist und allein,
ist er immer noch da – der Ort, wo die Welt jung ist,
so wie ich. Dein Leben war der Prozess, in dem du

dein Bestes gegeben hast, im Leben und in der Liebe, und du hast deine Erfahrungen. Mit dem Wenigen, was noch zu tun ist, - der Ehrgeiz ist dir genommen worden – kannst du immer stiller werden und an der Schönheit dieses Bewusstseins teilhaben, dieser wunderbaren Freiheit der Liebe.

Der Ort unserer ursprünglichen Unschuld ist jetzt in deinem Körper. Und er kann realisiert werden; nicht, indem ich irgendetwas bin, sondern indem ich bin, was ich bin.

Die Schöne und das Biest

Die meisten von uns haben in ihrer Kindheit schon einmal etwas von der Geschichte „die Schöne und das Biest" gehört, auch wenn wir sie im Einzelnen nicht erzählt bekommen haben. Es ist eine wunderbare Geschichte, aber worin liegt ihre Wahrheit? Was ist die Realität dahinter?

Wir sind Tiere. Als Mann und Frau sind wir der Höhepunkt der Evolution der Arten, angefangen beim ersten Mikroorganismus; ein Bestreben des wunderbaren Lebens hinter allem, ein sich seiner selbst bewusstes Gehirn zu erschaffen. Bevor das menschliche Gehirn entwickelt war, war das große, kreative Prinzip hinter der Ameise, der Mikrobe und allen Spezies nicht in der Lage, sich selbst zu kennen, sein eigenes Wesen unter allen Kreaturen zu erkennen. Nur dieses Tier, nämlich das, welches diese Worte spricht bzw. hört, hat die Macht, über sein eigenes Bewusstsein zu reflektieren.

Die Kreativität hinter allen Spezies ist der Instinkt, der immer noch in unseren tierischen Körpern vorhanden ist. Dieses verborgene Wunder des Instinktes ist ganz unschuldig. Im Tierreich herrscht eine große Unschuld. Und, wie alle anderen Tiere, haben wir einen Körper, der sehr oft im Laufe des Tages instinktiv agiert. Aber wenn man das Potential des Bewusstseins – d. h. das Bewusstsein des kreativen Prinzips selbst – in das instinktive Tier einpflanzt, geschieht etwas Außergewöhnliches. Es verliert seine Unschuld, sein rein instinktives Leben und gewinnt eine neue Dimension von Intelligenz – Reflexion. Zu Anfang der Zeit war das menschliche Tier so unschuldig, dass es in der Lage war, unmittelbar das Bewusstsein hinter dem Instinkt zu reflektieren; und mit diesem Wissen um die Tiefe des Lebens innerhalb des Tierkörpers erkannten Mann und Frau Schönheit und Wahrheit unmittelbar. Es gab keine Trennung zwischen dem instinktiven Tier und der Schönheit des Bewusstseins hinter dem Körper. Was für eine wunderbare Sache – eine Spiegelung, die kein Hindernis für den instinktiven Lebensprozess darstellte. Dann aber kam das Biest.

Das Biest begann, in diesen idyllischen Zustand einzudringen. Muss ich dir sagen, was das Biest ist? Emotionen? Das selbstsüchtige Selbst? Jede Emotion, jedes Selbst kommt vom Sex. Das Biest entstand, weil der Mann die Liebe zur Frau, seiner Gefährtin, seiner Partnerin, vernachlässigte.

Auf dieser Erde gibt es nur Mann und Frau. (Du kannst mir kein Leben zeigen, das nicht männlich oder weiblich ist; oder irgendetwas, was außerhalb der Wahrnehmung von Mann und Frau liegt). Und Mann und Frau waren für einander gemacht, wie ihre Körper zeigen; sie mit einem empfangenden Geschlechtsteil und er mit einem hervorstehenden Geschlechtsorgan, um diese Leere in ihr mit Liebe zu füllen; um durch den Körper eine liebende Verbindung zu dem dahinter liegenden Bewusstsein herzustellen – mit dem allerhöchsten Bewusstsein selbst. In den frühesten Zeiten hatten Mann und Frau die Aufgabe, auf dieser Erde eine Welt des Bewusstseins – der Liebe – zu erschaffen. Aber (wie ich oft sage): Die Frau ist hundert Prozent Liebe und der Mann neunzig Prozent Liebe und zu zehn Prozent hat er „etwas zu tun". Diese zehn Prozent gaben dem Mann die Mittel, sein nobles Ziel zu verfolgen. Mit der Zeit aber wurde er korrumpiert. Er fing an zu denken, es gebe ein anderes Ziel. Er bekam Ideen, wie die Dinge sein sollten. Er vergaß sein nobles Ziel, und anstatt die Frau zu lieben, fing er an sich selbst zu lieben. Anstatt mit dem göttlichen Ziel übereinzustimmen, eine Welt der Liebe aufzubauen, projizierte er sich selbst in seine eigene Welt. Aus den Augenwinkeln schielend, dachte er: „Man sollte hier einiges ändern. Ich kann das tun. Ich kann meine eigene Welt aufbauen." In seinem Eigensinn hörte er auf, die Frau zu lieben. Und nun, nach so vielen tausend Jahren, sieh dir die Welt an, die der Mann erbaut hat. Eine grausame, konkurrierende, unehrliche Welt.

Die einzige Integrität, welche diese Welt erhält, ist, dass sie ein Überbau über der gesegneten Erde ist, welche Gott erschaffen hat. So können wir manchmal sagen: „Es ist nicht so schlecht. Die Welt ist schon in Ordnung." Ja, solange du gewinnst und dich nichts bedroht. Sie ist nicht so gut, wenn du jemanden verlierst, den du liebst. Die vom Menschen erschaffene Welt wird dir alles nehmen und nichts geben. Zum Beispiel wird sie dir nicht das Wissen vermitteln, dass es keinen Tod gibt. Sie wird dir ein wissenschaftliches Argument liefern, eine gute Theorie. Aber nur das Leben, nur die von Gott erschaffene Erde, kann dir das Wissen geben, dass es keinen Tod gibt.

*

Das Biest begann also dadurch, dass der Mann es
vermied, die Frau zu lieben, in ihn einzudringen. Er
war zu sehr damit beschäftigt, etwas anderes zu tun,
zu sehr von seinen Geschäften mitgerissen, um sie zu
lieben.

Die Tiere werden vom instinktiven Bedürfnis gelei-
tet, zusammenzukommen, um Leben zu produzieren.
Wann immer das beim Mann passierte, produzierte
er Leben aus seinem und dem Körper der Frau und
produzierte Babys, und er nannte das „Leben" – anstatt
das Bewusstsein des Lebens zu bestätigen, indem er
beide Körper mit dem glorreichen kreativen Prinzip
zum Strahlen brachte. Seine erste Ignoranz bestand
darin, dass er nicht liebte um der Liebe willen. Er sollte
die Frau lieben, um sie heilig zu erhalten, um ihre göttlichen Energien im Bewusstsein fruchtbar zu erhalten.
Aber als das Biest begann, in ihn einzudringen, fing er
an, sie für sich zu benutzen – für seine eigene sexuelle
Befriedigung.

Das heimtückischste Verbrechen! Er konnte sich
dem, was er getan hatte, nicht stellen. Er litt. Es war
so grässlich. Aber wenn du in diesem Strom der Zeit
irgendetwas tust, setzt du Ursache und Wirkung in
Gang. Und die Wirkungen fließen einfach weiter und
werden irreversibel. Sieh dich um in der heutigen Welt

und du siehst die Auswirkungen. Der Mann liebt sich
selbst mehr als Gott. Er liebt sich mehr als das göttliche
Prinzip der Paarung von Mann und Frau, welches
die Vereinigung der beiden Prinzipien der Liebe auf
Erden ist.

Das Sexmonster drang in den Mann ein als
Eigensinn und Furcht und Gerissenheit. Er hatte
sich dem Willen Gottes widersetzt. Er hatte sich der
Wahrheit der Erde widersetzt. Aber er war nicht in der
Lage, das Resultat, die Schuld, den Schmerz, in sich
selbst anzuschauen. Und so wirst du bemerkt haben,
dass Sex ein Gefühl von Scham mit sich bringt. Um
seine Scham zu verbergen, trug der Mann die Kraft
seines Schmerzes in die Welt hinein; und begrub
ihn unter seiner Betriebsamkeit. (Alle geschäftigen
Männer werden von einer fundamentalen Scham
angetrieben.) Er war sein eigener Richter. Aber da er
sich dem, was er wusste, nicht stellen konnte, ging er
in die Welt hinaus und produzierte immer mehr davon
– die Welt, die du heute siehst. Nicht nur das, sondern
weil er die Frau benutzte, um seinen sexuellen Trieb
zu befriedigen, injizierte er seine Scham in sie hinein.
Und sie wurde mehr und mehr der Liebe entfremdet,
die ihr Wesen ist – ihre hundert Prozent. Denn Sex ist
für die Frau etwas Fremdes.

So wurde die Frau immer mehr ihrer Liebe entfremdet, welche der Mann und ihr eigenes Wesen
war. Sie versuchte, sich auf ihrem Weg zurückzu-
kämpfen, um sich von diesem Fremden, dem Sex, zu
befreien. Aber schließlich akzeptierte sie ihn im stillen
Einverständnis mit dem Mann. Wie der Mann fing sie
an, vom Sex erregt zu werden. Er konnte sich in ihr
erregen und sie fiel darauf herein, denn die Erregung
wühlte sie auf, und dies viel schneller als die Saiten
ihrer Liebe es vermochten. (Diese sind so fein und
schnell, dass sie fast still sind.) Als die Zeit verging und
der Mann damit fortfuhr sie zu erregen, identifizierte
sie sich tatsächlich mit dem Fremden. Aber weil es
nicht ihrem wahren Wesen entsprach, musste sie
ihre Liebe unterdrücken. Und wurde emotional. Die
Unterdrückung dessen, was ich bin, macht den Mann
oder die Frau immer emotional.

Heute ist das Biest sowohl im Mann wie in der Frau
ungezügelt am Werk. Jetzt ist die Frau zu 25 Prozent
oder 50 Prozent (oder mehr) männlich. In einigen
Fällen bekommt sie sogar den falschen Körper, denn

die psychische Balance des Lebens auf der Erde ist mit der Zeit aus dem Gleichgewicht geraten und es ist genetisch möglich, dass eine Frau im Körper eines Mannes ist und umgekehrt, was normalerweise von Geburt an durch irgendeine Eigenschaft oder ein Verhalten ersichtlich ist. Ich rede vom gemischten Geschlecht – transsexuellen Körpern – nicht von Homosexualität, welche zum größten Teil eine Erweiterung der gerissenen Furcht des Mannes vor der Liebe zur Frau ist. Es ist für den Mann leichter geworden, einen Mann zu lieben, und für die Frau eine Frau, als jemanden des anderen Geschlechtes. Das ist zu schmerzlich. Ich spreche von wahrer Liebe – nicht davon, einfach ins Bett zu springen.

Wenn Mann und Frau wirklich lieben, bemühen sie sich tatsächlich, durch vielleicht zwanzig oder dreißigtausend Jahre, zum Anfang zurückzugehen. Sie bemühen sich, das Biest zurückzudrängen.

*

Dies ist die Realität hinter jenen Mythen des Mittelalters, über christliche Heilige, wie den heiligen Georg. Es waren Versuche, die schreckliche Krise jener Zeit zu

beschreiben. Heute ist es noch schlimmer. Der heilige
Georg war der edle Mann, bereit, den Drachen zu töten.
Die einzige Hoffnung, die wir jetzt haben, die Liebe
auf der Erde wiederherzustellen, ist der edle Mann, der
bereit ist, das Biest in sich selbst zu töten. Der Mann ist das
Biest, aber er hat auch in sich die Macht, den Edelmut, es
von seinem Körper abzuschütteln. Das ist die Wahrheit
hinter einer anderen Geschichte. Die schöne Prinzessin
küsst einen hässlichen Frosch oder einen hinkenden,
hässlichen Mann, weil sie die Schönheit in ihm sieht
– seinen Edelmut – und die Hässlichkeit fällt von ihm ab.
Er wird zum Prinzen und natürlich leben sie glücklich
bis an ihr Lebensende.

Dieser edle Mann ist in jedem Mann, hinter der
Verirrung, die er und ich einst, vor langer Zeit, angefangen haben. Das größte Ziel des edlen Mannes und
sein tiefstes Verlangen ist es, das Biest aus sich heraus-
zulieben: „Ich muss dieses Ding aus mir entfernen, so
dass ich tun kann, was meine Aufgabe ist – diesem
Körper seinen göttlichen Sinn zurückzugeben."

Es ist eine riesige Aufgabe. Da sind Mann und Frau
– und das Fremde. All die Emotionen, Schuldgefühle,
Ängste, Scham usw. sind Vorwände, um mich dem
Biest nicht zu stellen, welches mein Selbst ist, aber
nicht „mich" ist. Denn ich bin der edle Mann, der das

Biest immer und ewig erschlagen wird, solange es in
mir aufsteigt. Und ich bin der edle Mann im Körper
der Männer, die meine Worte hören können.

*

Dein einziges Problem, Mann, ist deine Sexualität.
Sie steht hinter all deiner Rastlosigkeit, all deinem
Verlangen und all deinen Anstrengungen. Deine
Sexualität steht hinter all deinen Schuldgefühlen und
deinen Bestreben, anderen für dein Leben die Schuld
zu geben. Sie steht hinter dem Mangel an Klarheit in dir,
wenn dein Leben in Unordnung geraten ist.

Der edle Mann sorgt also dafür, dass sein Leben in
Ordnung kommt – so gut er es in jedem Augenblick
kann. Es kann nicht alles in Ordnung gebracht werden – nicht auf einmal. Denn in diesem Körper, welcher selbst das Produkt von zwei Milliarden Jahren
ist, stecken (sagen wir) zwanzig- bis dreißigtausend
Jahre Vergangenheit. Und Zeit ist das schwerste und
abstumpfendste Phänomen in unserem ganzen
System. Glücklicherweise ist es nur die Vergangenheit
des *homo sapiens*, der wir uns stellen müssen, denn
die Verirrung geschah, als *homo erectus*, der aufrecht

gehende Mensch, die Fähigkeit zur Reflexion erlangte. Nichtsdestoweniger sind wir von Zeit angefüllt, und nun muss der edle Mann gegen den schrecklichen Strom anschwimmen. Ich muss gegen die Folgen von allem, was ich jemals als Mann gewesen bin, angehen; all die Gedanken, all die sexuelle Vermeidung der Liebe, die Verleugnung der Frau und ihrer Ausbeutung; ihrer Benutzung zur Befriedigung meiner eigenen sexuellen Bedürfnisse.

*

Sexuelle Befriedigung ist Wollen. Es hält nur eine Weile an. Bald steigt das Bedürfnis nach weiterer Befriedigung auf; wohingegen Liebe erfüllend ist. Liebe ist genau im Akt des Liebens da – nicht in der Zukunft oder der Vergangenheit. Im Liebesakt mit einer Frau lasse ich alles andere beiseite – all meine Verirrungen, meine Vergangenheit, meine Zukunft. Da ist ein Bewusstsein vorhanden, das unbeschreiblich ist. Um es zu sein, musst du es tun. Aber wenn du dir Fantasien darüber machst, lässt du das Biest herein. Das ist es nämlich, was fantasiert. Es will den Körper einer Frau lieben und sich dabei eine andere vorstellen. So unehrlich ist es. Jeder Mann steckt in derselben Falle.

Der edle Mann muss mehr und mehr innere Stärke entwickeln, um der Triebkraft des Biests zu widerstehen. Nur innere Stärke kann die Triebkraft bezwingen. Diese innere Stärke ist die Stille in dir. In meinem verwirklichten Bewusstsein bin ich in der Lage, sie dir widerzuspiegeln. Sie steigt auf und zerreißt all die Zeit, die du in dir produziert hast. Du schwingst innerlich mit der Erkenntnis: „Dies ist die Wahrheit. Es ist mein Edelmut, über den er spricht. Dies bin ich. Und indem ich mich bin, bin ich mir dieses Anderen bewusst, dieses Fremden, das mich hässlich gemacht hat, das mich daran hindert, meinen Platz als Prinz dieser Erde einzunehmen, neben meiner Prinzessin."

*

Oh, welch schrecklichen Kampf der heilige Georg gegen diesen Drachen ausfechten muss. Und spuckt er nicht Feuer?

Und deine treue Lanze? Du musst den Sex aus ihr herausziehen. Solange dein Penis nicht rein gemacht wird, hat er nicht die Macht, den Feuer speienden Drachen zu töten.

Dein Penis erforscht das Unterbewusste der Frau. Wenn du rein bist und in sie eindringst, um sie zu lieben, dann kannst du auch aus ihr das Biest entfernen. Aber es ist eine ungeheure Aufgabe. Das Biest, dein sexuelles Selbst, bekämpft dich mit deiner eigenen Stärke. Dein eigenes Selbst in ihr schreit dich an, klagt dich an, wirft Gegenstände. Auf dem Gesicht liegt ein abstoßender Ausdruck, eine unbeschreibliche Hässlichkeit. Die Augen werden rot; das Gesicht verzerrt sich durch das grässliche Sexmonster in ihr. Und dennoch, wenn sie genug Frau ist, ist unter der schreienden Xanthippe eine sehr feine weinende Stimme zu hören, „Das bin ich nicht. Bitte glaub es nicht. Ich bin es nicht."

Du musst also der edle Mann sein; und es muss einen göttlichen Sinn in deinem Leben geben. Oder du wirst untergehen; du wirst mit ihrer Sexualität Kompromisse eingehen. Du darfst nicht an deinem Edelmut zweifeln. Wenn du das tust, wird auch die Frau zweifeln. Wenn sie Zweifel hat, wird sie emotional. Du musst also stark sein. Du musst wirkliche Autorität haben, jenseits der jedes anderen Mannes in der Welt – göttliche Autorität. Edelmut, der Sinn haben soll, muss mit dem Göttlichen verbunden werden.

Ich sage dir, Mann: Die Frau hat ohne dich keine Hoffnung. Sie kann nur einen Teil alleine tun. Sie hat keine eigenen Waffen zum Kämpfen. Sie braucht den edlen Mann, der sie liebt. Ihr Ritter muss sie von der fremden Sexualität erretten, die ich und alle Männer in sie hineingetragen haben. Sie macht sie emotional. Aber wenn sie emotional ist, wie kannst du sie dann lieben? Du liebst sie durch die Emotion hindurch. Du musst standhaft sein, ohne eine Position einzunehmen. Du musst sowohl Stärke wie Unterscheidungskraft haben. Wovon rede ich? – Von wahrer Ritterlichkeit.

Denke daran: Es gibt nur Sie und Mich; und alles, was uns trennt, ist das Fremde, mein sexuelles Selbst, welches die Kinder der Erde verdirbt. Meine Sexualität hat die Frau in den Ruin getrieben und die Erde verschmutzt. Schau es dir an. Laufe nicht davor weg. Stell dich dem Biest. Und dann löst es sich auf! Alles was du tun musst, Mann, ist, dich ihm wirklich zu stellen. Dann wandelt sich dein „Selbst" zu „Mich". Du hast das Biest geschaffen. Du hast ihm so viel Energie gegeben. Wenn du dich weigerst, ihm irgendetwas zu geben, löst es sich in Luft auf. Dann kann die Energie, die gebraucht wurde, um es zu ernähren, zu dir als Macht zurückkehren – als Edelmut, als Richtigkeit, als die Fähigkeit zu lieben.

Denke daran: Da du das nicht alles auf einmal tun kannst, musst du üben. Du darfst nicht frustriert oder entmutigt werden. Entmutigung ist die bevorzugte Waffe des sexuellen Selbst. Es wird dich zweifeln lassen. Du wirst glauben, du bräuchtest sexuelle Erleichterung, obwohl das keineswegs so ist. Das ist dir von anderen sexbesessenen Männern und Frauen ins Gehirn eingepflanzt worden. Was du brauchst, ist Liebe.

Über Liebe lässt sich nichts sagen. Nichts wissen. Du kannst deshalb deinen eigenen Edelmut niemals kennen, Mann. Das wäre persönliche Großmannssucht und würde dich dazu bringen, für dich selbst Macht über die Frau oder den Mann zu suchen. Aber wenn du wahrhaft edel und wahr zur Liebe bist, wird die Frau immer zu dir kommen. Und sie wird es dir sagen. Denn es gibt nichts, was die Frau mehr liebt als den edlen Mann. Sie wird sagen: „Erhebt euch, Herr Ritter, denn Ihr seid in der Tat ein Mann."

Vom Sex zur Liebe

Alle Liebe ist im Grunde die Liebe zu Gott, die Liebe zu ES, dem, was hinter allem ist. Und du hast sie in dir. Du kamst aus dieser unendlichen Weite und wurdest im Schoß einer Frau empfangen, und in diese Weite wird dein Bewusstsein zurückkehren.

Wo du herkamst, gibt es keine Probleme, keine Bewegung, keine Körper, keine Notwendigkeit zur Trennung – alles ist Eins. Du kamst aus dieser Realität in die gummiartige Materie des Fleisches, durch welche du siebzig oder achtzig Jahre lang hindurchgehst, bis das Bewusstsein, das du bist, zu diesem selben Ort zurückkehrt. Es ist ein Ort, den du dir nicht vorstellen und von dem du dir kein Bild machen kannst. Aber das Wissen darum ist tief in deinem Körper, unter deinem Selbst, vorhanden. Du kannst nur etwas in dem Ausmaß lieben, in dem du ein Wissen von der ursprünglichen Liebe in dir, der Liebe zum Einssein, hast.

Die äußere Welt ist eine Spiegelung dessen, was wir sind. Die Umstände spiegeln also, was wir in uns sind, und stellen das bereit, was für uns notwendig ist. Wenn wir irgendetwas in der Welt lieben, spiegelt sich die in uns vorhandene Liebe darin. Zwischen den beiden herrscht eine Übereinstimmung – eine Resonanz. Diese Resonanz ist in der Wahrheit äußerst wichtig, genauso wie in der Stimme und der Musik. Von innen kommt ein Impuls, wird von der Sache oder der Person reflektiert und bildet dann tief in uns eine Resonanz. Und wir sagen, „Das zieht mich an." oder „Das liebe ich." – Es erinnert mich daran, woher ich komme. Aber der Impuls muss durch das Selbst hindurch kommen. Und oft stellt mein Selbst einen Widerstand dar.

*

Schwierigkeiten entstehen für die Liebe in dieser Existenz immer dann, wenn es um das andere Geschlecht geht. Die Schönheit der Frau wird für den Mann zu einem sexuellen Stimulus. Die Resonanz ihrer Schönheit geht durch das Selbst hindurch und das Selbst übersetzt die Liebe in Sex als seinem selbstsüchtigen Verlangen, sie zu besitzen.

Im Mann gibt es einen selbstsüchtigen sexuellen Trieb mit dem Ziel, Macht über die Frau auszuüben. Er will, dass sie ihn so sehr liebt, dass sie sich ihm unterwirft. Das ist letztlich der sexuelle Trieb im Manne, ob er es weiß oder nicht. Er wird damit geboren und kann nicht anders. Die Natur des Sexualtriebs ist es, die Spezies zu erhalten und zu versuchen, die Frau zu besitzen und den Schoß zu befruchten, wohingegen sein Streben sein sollte, sich selbst zu meistern, den Sexualtrieb in Liebe zu verwandeln – wahrlich ein gigantisches Unterfangen.

Für die Frau ist es anders. Sie ist ein anderes Wesen und in dieser Andersartigkeit liegt natürlich das Geheimnis der Anziehung des Mannes für die Frau und ihre Anziehung für ihn. Das tiefste Verlangen der Frau ist nicht ihn zu besitzen. Ihre Liebe will geben; und ihn erfreuen. Sie ist die Freude des Mannes und daraus folgt notwendigerweise, dass es ihr Freude macht ihm zu geben, ihm alles zu geben, was sie ist, sich vollständig und bis zum Äußersten dem männlichen Prinzip zu öffnen. Darin besteht ihre Liebe. Seit ihrer Jugend als Jungfrau träumt sie von einem Mann, der ihr Herz erobert, träumt davon, sich ihm zu öffnen und von ihm geliebt zu werden.

Die Frau ist nicht, wie der Mann, im Kern sexuell. Aber wenn der Mann ihrer habhaft wird, fängt er an, sie sexuell zu stimulieren; und weil sie in ihren Sexualorganen die Fähigkeit hat, erregt zu werden, kann er sie sexuell erregen, so dass sie bereit ist, mit ihm Sex zu haben. Aber das heißt nicht sie zu lieben. Es enthält eine Absicht – die Absicht, sie zu penetrieren und zu besitzen.

Der Mann hat die Frau sexuell gemacht. Er hat seine Sexualität in sie hineingetragen. Sie kommt durch den Körper verschiedener Männer zu ihr und er liebt seine eigene Sexualität in ihrem Körper. Und sie dreht sich und vollführt alles für ihn, was er will. Die Frau ist von ihm dressiert worden – dressiert wie ein Tier – auf seine sexuelle Stimulierung zu reagieren. Dann wird sie in einer Trance von sexueller Erregung selbst Opfer des sexuellen Triebes. Sie macht bei diesem Austausch mit. Aber danach denkt sie, falls irgendetwas an Selbsterkenntnis in ihr ist, „Oh Gott, ich wollte doch nur geliebt werden!"

Wir haben also zwei gegensätzliche Dinge hier. Das eine ist der sexuelle Trieb des Mannes. Das andere ist der Wunsch der Frau geliebt zu werden.

✳

Frau, du bist nicht nur die Frau, die du jetzt bist! Jede
Frau muss sich in den ganzen Prozess der Evolution
einfügen, die in der Menschheit fortschreitet. Die
Entwicklung unseres physischen Körpers wurde vor
langer Zeit beendet. Dann kam die Entwicklung der
Emotionen. Einst war es schwer, die Menschheit emotional zu machen. Wir sind erst seit einigen tausend Jahren
emotionale Wesen, ein Vorgang, der seinen Höhepunkt
während der Ära des Christentums erreichte. Nicht nur
das Christentum, sondern alle Religionen machen
den Menschen emotional. Die Priester beschwören
emotionalisierte Bilder Gottes herauf. Und sobald man
anfängt, an Gott oder irgendetwas Anderes zu glauben,
wird man emotional. Jeder wird emotional bei den
Dingen, an die er glaubt.

Die Emotionen mussten sich entwickeln, um das
Mentale in der Menschheit zu durchbrechen und die
Härte, die im Körper von Mann und Frau war. Aber je
emotionaler die Menschen wurden, desto selbstsüch-
tiger wurden sie. Jetzt ist die Evolution von Mann und
Frau auf der Erde so weit, dass die Emotionen über-
wunden werden müssen. Wir müssen uns von den
Emotionen befreien und uns der Wahrheit stellen, dass
es jetzt einzig darum geht, die Evolution umzukehren
und die Liebe als die reine Realität zu entdecken, von

der ich herkomme – und wovon das Wissen in dir enthalten ist. Aber es gibt ein Hindernis zur Verwirklichung
dieser Liebe: der sexuelle Trieb des Mannes.

Die Frau ist die einzige Hoffnung. An ihr ist es,
den sexuellen Trieb des Mannes anzuhalten. Er kann
ihn zu Liebe transformieren, aber zuerst muss sie ihn
anhalten.

*

Wie kann die Frau den Sexualtrieb des Mannes stoppen?

Zuerst muss sie wissen, was sie will. Die grundlegende Frage für dich, Frau, ist: „Willst du Sex? Oder
willst du Liebe?

„Ich hätte gerne beides."

Dagegen ist nichts zu sagen. Aber grundlegende
Veränderungen passieren nicht über Nacht und
wenn du irgendetwas Gutes für die Menschheit tun
willst, musst du der Liebe den Vorrang geben. Ich
spreche zu der Frau, die weiß, dass sie Liebe will;
nicht zu einer der Welt zugewandten Frau, die häufig
ihre Partner wechselt, sondern zu einer, die sagen
kann, „Ich will nicht, dass Männer weiter Sex in mich

hineintragen. Ich habe genug davon. Ich bin nur für die Liebe bereit. Ich liebe den Mann nur, weil er das männliche Prinzip in sich trägt – etwas Göttliches." Es verlangt viel Liebe und Selbsterkenntnis von der Frau, um das zu sagen.

Die Frau muss den Sexualtrieb des Mannes stoppen, indem sie nein sagt zu sexueller Stimulation und Erregung.

„Nein. Beruhige dich. Hör auf, mit einer Erektion zu mir zu kommen, die zu hart, zu drängend, ist. Du willst nur deine Selbstbefriedigung."

Eine Frau kann einen Mann an seinem Penis lesen. Ich bin sicher, viele Frauen wissen das, obwohl es ihnen vielleicht nie jemand gesagt hat. Die Frau ist so sensibel, wenn es um Liebe geht, dass sie am Penis eines Mannes sehen kann, in welchem Zustand er ist. Sensibel, wie sie in Bezug auf die Liebe ist, sollte sie einem Mann nicht nachgeben, wenn er sexuell ist. Der Mann muss nicht immer sexuell sein. Der Penis ist im Grunde für die Liebe da und die Frau muss wissen, wann der Mann in Liebe zu ihr kommt. Der beste Weg für eine Veränderung ist es, sich ohne sexuelle Stimulierung zu lieben – was nur möglich ist, wenn Liebe da ist. Wenn eine Frau einen Mann liebt und er sie, ist in ihr eine Offenheit, ein Wissen, dass er sie liebt; dann ist sie durchaus in der Lage, ihn ohne Stimulierung zu lieben.

Nachdem ihr das geklärt habt, könnt ihr beim Lieben alles tun. Aber nur, wenn die Frau ohne Furcht oder Zweifel sagen kann: „Ich bin für die Liebe bereit, aber nicht für Sex." Wo die Frau vom Mann sexuell gemacht worden ist und der Mann seine Sexualität nicht eingedämmt hat, sie nicht in Liebe umgewandelt hat, wird der roboterhafte Sex zurückkehren. Erinnere dich, der Mann wird vom Sex angetrieben. Und er hat alle Antworten. Egal, was du zu ihm sagst, Frau, er wird dich untergraben. Er wird alles tun, um dich davon zu überzeugen, dass du Schuld hast – weil er vom Sex angetrieben wird, während deine fundamentale Natur Liebe ist.

Nur du, Frau, kannst seinen Trieb stoppen: „Warte, warte ... Wir sind dabei, uns zu verlieren. Es ist toll, aber wir vergessen die Liebe. Wir verheddern uns in unserem alten sexuellen Trieb. Weißt du, ich liebe es, einen Orgasmus zu haben und du liebst es, mir einen zu verschaffen, aber warte ... Wird mich das friedlich und zufrieden machen, mich zum Lächeln bringen und mit Liebe erfüllen?"

Und die Antwort ist: Natürlich nicht. Sex hat noch nie jemanden mit Liebe erfüllt. Kurz danach magst du dich großartig fühlen, aber dann wirst du schnell realisieren, es war nur Sex.

*

Nun, was muss der Mann tun?

Um seine Sexualität zu transformieren, muss der Mann richtig lieben. Einfach in der Vagina zu sein, ist für den Penis ein großer Genuss. Es ist für den Mann ein großer, exquisiter Genuss, wenn sie an seiner Brust liegt; eine tiefe Süße, ihr so nahe zu sein. Die Kommunikation der beiden Körper ist ein großer Genuss für ihn – ohne dass er sich im Sex verlieren muss, ohne dass er sich sexuell mit seinem Penis identifiziert.

Wo der Sexualtrieb herrscht, da herrscht selbst gemachtes Vergnügen und das Bestreben, über die Frau Macht zu gewinnen. Davon muss der Mann Abstand nehmen. Er muss es überwinden, um den schieren Genuss an ihr zu erfahren. Das ist sehr schwierig, denn der Penis ist ein Instrument der Triebkraft und sucht nur sein eigenes Vergnügen. Wenn der Penis diese Kraft nicht hinter sich hat, kann er seine Erektion verlieren. Und das ist eine der

Schwierigkeiten, die einem Mann begegnen, wenn er
beginnt seinen Sexualtrieb zu transformieren.

Es ist ratsam, das Vorspiel aufzugeben. Der Mann
mag glauben, er täte der Frau etwas Gutes, indem er sie
stimuliert, aber sexuelle Erregung bringt sie in einen
Trancezustand und sobald der Sex in Gang kommt, ist
er eine Besessenheit, vor der es kein Entrinnen gibt.

Siehst du, dass sexuelles Stimulieren einen Verlust
an Bewusstsein bedeutet? Dies ist, soweit es die Liebe
betrifft, völlig verantwortungslos. Ich rate deshalb
dem Mann, das sexuelle Stimulieren auf ein Minimum
zu beschränken und einfach nur die Schönheit der
Frau, die er liebt, zu genießen.

Die Frage für ihn ist: Liebst du sie? Willst du den
Unterschied zwischen Sex und Liebe erkennen?

*

Wenn ihr Sex in Liebe verwandelt habt, könnt ihr miteinander tun, was ihr wollt. Wenn der Mann sich von
der Triebkraft in sich befreit hat, könnt ihr anfangen,
wirkliche Leidenschaft zu genießen. Ich spreche von
der schieren Freude an der Liebe.

Was der Mann sich unter Leidenschaft vorstellt, ist Hemmungslosigkeit und der Drang, in die Frau einzudringen, um ein Gefühl der Macht über sie zu bekommen. Die Leidenschaft, von der ich spreche, ist eine große Stille. Ich bin in meinem ganzen Körper, nicht nur in meinem Penis. Ich genieße die Körperempfindungen meines ganzen Körpers, nicht nur die in meinem Penis. Ich genieße das wundervolle Vergnügen, sie zu lieben. Es ist ein großes Vergnügen, sie in meinen Armen zu halten, ihr Haar zu riechen und sie zu küssen. Und während ich sie küsse, sehe ich, dass sie es genießt, geliebt zu werden! Ich verliere mich nicht in Fantasien und sie verliert sich nicht im Traumland. Sie sagt mir, dass sie mich liebt. Ich sage ihr, dass ich sie liebe. Und dies nicht einfach nur wegen des leidenschaftlichen sexuellen Antriebs ... wo man sagt „Ich liebe dich, ich liebe dich", bis es vorbei ist und es dann „bis bald" heißt. Ich rede davon es wirklich zu genießen – Liebe zu genießen.

LIEBE IST EHRLICH

Hinter all der Grausamkeit, der Gier und dem Unglücklichsein in der Welt steckt emotionaler Schmerz. Wir sind alle Teil dieser Welt. Wir haben teil an der Grausamkeit, der Gier und dem Unglücklichsein. Wir alle kennen emotionalen Schmerz. Und in dem Maße, in dem wir ihn kennen, können wir die Liebe nicht kennen.

So viele Menschen glauben zu lieben, wenn ihr Herz bricht. Sie mögen zwar sagen, sie würden die Person lieben, die ihr Herz gebrochen hat. Aber, wie du weißt, wenn du Schmerzen hast, ist es sehr schwer zu lieben. Ich spreche von wahrer, ehrlicher Liebe. Unglücklicherweise ist es die Eigenart des Menschen, emotionalen Schmerz zu lieben. Wenn dein Herz gebrochen ist, liebst du den Schmerz.

Emotionaler Schmerz führt zu mentalem Schmerz, was wiederum zu mehr Emotionen führt. Jeder draußen auf der Straße hat ihn, dicht unter der

Oberfläche, darauf wartend, dass die Umstände ihn auslösen. Ihr alle kennt das schreckliche klammernde Gefühl von emotionalem Schmerz, der einen fast verrückt macht. Jeder hat ihn. Keiner entkommt. Wir müssen einen Weg finden, ihn loszuwerden.

Ich sage, es ist die Eigenart des Menschen emotionalen Schmerz zu lieben. Nicht körperlichen Schmerz, was etwas anderes ist. Wenn ich mir den Zeh verstauche oder den Arm breche, dann weiß ich, was körperlicher Schmerz ist. Wir können nicht viel tun, um diesen zu beenden, aber wir können eine ganze Menge tun, um uns von emotionalem und mentalem Schmerz zu befreien. Aber wir wollen das nicht, weil der Mensch seine Emotionen und die Empfindung seiner emotionalen Schmerzen liebt. Sie geben uns ein Gefühl von Selbst, von Leiden.

Wo ich herkomme, gibt es für den Mann oder die Frau keine Notwendigkeit zu leiden. Wenn der, den du liebst, dich verlässt, gibt es keine Notwendigkeit dafür, Schmerz zu erleiden. Wenn ein geliebter Mensch stirbt, gibt es keine Notwendigkeit dafür. Hörst du mich?

Emotionaler Schmerz ist eine Lüge, welche der Menschheit von ihrer eigenen Unwissenheit übergestülpt wurde. Der Grund, warum du zu mir kommst, ist herauszufinden, wo die Unwissenheit ist. Sie ist in mir. (Wer liest diese Worte?) Wo ist die Unwissenheit in mir – die Unwissenheit, die diesen emotionalen Schmerz hervorruft, den ich nicht mag, den ich hasse, für den ich aber die ganze Verantwortung trage?

*

Du kommst zu mir, um die Wahrheit über dein Leben zu hören, einen Aspekt der Wahrheit, den du, davon gehe ich aus, umsetzen willst. Um uns also von unserem emotionalen und mentalen Schmerz zu befreien, müssen wir praktisch sein.

Wir müssen irgendwo anfangen, also schauen wir uns die Sache einmal an: Sagen wir, du lebst in einer Partnerschaft und ihr habt zehn Jahre zusammengelebt. Plötzlich findest du heraus, dass dein Partner mit jemand anderem schläft.

Du hast schon eine Zeit lang in dir emotionalen Schmerz gefühlt, weil du gemerkt hast, dass irgendetwas nicht stimmte. Gefühle deuten gewöhnlich darauf hin, dass etwas nicht in Ordnung ist. Dazu sind sie da. Wenn ich das Gefühl hätte, dass etwas in der Beziehung nicht stimmte, müsste ich mir die Situation anschauen. Was ist die Situation, die mich belastet? Ist sie unehrlich? Nehme ich als selbstverständlich an, dass alles in Ordnung ist?

Es ist nie in Ordnung. Du musst wachsam sein. Du musst ehrlich zur Wahrheit sein, ehrlich zu Gott sein. Weil jeder in der Welt der Unwissenheit treu ist, nimmt er unehrliche Situationen hin. Wenn ich emotional bin, heißt das, dass ich in mir Unwissenheit habe, der ich mich nicht stelle, oder irgendetwas ist an der Situation unehrlich. (Ich gehe davon aus, dass du dir das in deinem Leben ansiehst.)

Ich muss in der Lage sein, mit meinem Partner zu sprechen, und sie oder er muss in der Lage sein, mit mir zu sprechen, in völliger Aufrichtigkeit. Es spielt keine Rolle, dass sie mit einem anderen schläft. Das ist nicht der Punkt. Warum schläft sie mit jemand anderem? Warum?

Und die Antwort ist: weil ich sie nicht genug geliebt habe. Weil ich unwissend war. Weil ich nicht hinterfragt habe, was los war. Weil ich dachte, alles sei in Ordnung, obwohl ich in bestimmten Situationen emotional war.

Sobald du einmal alles an der Situation angeschaut hast, dein eigenes Selbst inbegriffen, aus dem die Emotionen kommen, dann sage ich, du musst entweder innerlich aufgeben oder die Beziehung beenden. Nimm die Situation nicht einfach so hin. Zu glauben, „alles ist in Ordnung", ruiniert das Liebesleben so vieler Leute. Bitte höre mich. Nichts ist in Ordnung. Du musst wachsam sein – ohne Zweifel zu hegen. Wachsamkeit heißt, wenn wir die Straße entlang gehen, nicht in einen Baum hinein-zulaufen. Wachsamkeit heißt, wenn du aus dem Auto aussteigst, nicht über etwas zu stolpern, das da gerade im Weg liegt. Darin sind wir wachsam, aber nicht in unserem Liebesleben.

Die tatsächliche Situation ist nicht so schrecklich wie die Frage: Habe ich genug geliebt? Oder habe ich wie all die Paare gelebt, die eine Partnerschaft, eine Ehe vortäuschen – anstatt wahr zur Liebe zu sein?

Ich muss in der Lage sein, mit meiner wunder-baren Frau ehrlich zu sein. Wenn sie nicht „meine wunderbare Frau" ist, was habe ich dann mit ihr zu tun? Wenn ich nicht ihr wunderbarer Mann bin, was hat sie dann mit mir zu tun? Mache ich mir etwas vor? Mache ich einfach so weiter? Liebt sie mich? Liebt sie mich genug?

Die Leute sagen: „Oh ja, natürlich lieben wir uns."

Aber ich sage, die Frage ist: „Liebt ihr euch genügend?"

Die Antwort ist normalerweise: „Nein".

Und dann, wenn sie mich nicht genug liebt, muss ich herausfinden, wo ich fehlgehe. Ich mache ihr keinerlei Vorwürfe, frage aber „Mein Liebling, wo läuft etwas schief? Wo bin ich nicht liebevoll? Was tue ich, das dich aufregt und worüber du nicht sprichst? Was tue ich nicht, was ich in deinen Augen tun sollte?

Kann ich mit meiner Liebe nicht in dieser Weise ehrlich sein? Denn Liebe ist Kommunikation. Wenn ich eine Frau liebe, kommuniziere ich voll und ganz mit ihr und sie mit mir. Mich zu lieben, heißt, dass sie in der Lage sein muss, mit mir zu kommunizieren. Aber siehst du diese Ehrlichkeit und Kommunikation bei all den Paaren, Müttern und Vätern, Freunden und Freundinnen, die sich traditionell lieben?

Ich war überall in der Welt und habe mit tausenden von Leuten gesprochen, und es ist immer dasselbe Problem - Mangel an Liebe. Das ist der Grund dafür, dass alle unglücklich sind. Unwissenheit und Emotionen nehmen den Platz der Liebe ein. Zuerst die Unwissenheit; und wenn dann die Situation zusammenbricht, kommen die Emotionen hoch.

Wenn ich sage, ich liebe dich, muss ich in der Lage
sein, mit dir zu sprechen, damit du mir deine tiefsten
Geheimnisse offenlegst – was genau dich emotional
macht. Wenn du das nicht tun kannst, dann liebe ich
dich entweder nicht genug oder du liebst mich nicht
genug.

Oft können wir die Emotion gar nicht identifizieren.
Sie ist einfach da. Wie Rastlosigkeit. Im momentanen
Zustand des Mannes wird er nicht lange bei einer Frau
bleiben, bevor die Rastlosigkeit in ihm hochkommt.
Und in dem Maße, in dem die Frau seine Sexualität
angenommen hat, die er natürlich in sie hineingetragen hat, wird sie auch rastlos.

Wenn ich eine Frau wäre und sähe, dass mein
Mann rastlos ist, müsste ich sagen: „Warum bist du so
rastlos? Du bist emotional. Du willst nicht hier sein.
Aber du hast nicht den Mumm, mir das zu sagen.
Warum sagst du mir nicht, dass du woanders sein
willst, anstatt mir, die dich liebt, deine vibrierende
Rastlosigkeit zu zeigen?"

Zu offen? Es würde von ihm große Ehrlichkeit verlangen, dir zu sagen, warum er rastlos ist. Er wird vielleicht sagen: „Also, ich möchte mit einer anderen Frau schlafen." Könnte er dir das sagen? Nicht in dieser Gesellschaft! Du wirst unehrlich sein, weil du seine Ehrlichkeit nicht ertragen kannst.

Die Rastlosigkeit bedeutet nicht, dass er tatsächlich mit einer anderen Frau schlafen wird. Es ist nur ein Gefühl in ihm, weil sein Kopf und seine Gefühle um Sex kreisen. Kann er sich dem stellen? Ich kann das – denn ich weiß, dass jeder Mann an Sex denkt. Wir können also den Grund für die Emotionen und den Ärger des Mannes erkennen. Jedes Stück seines Ärgers geht auf sexuelle Frustration zurück.

Gibt es irgendeine Frau, die einen ärgerlichen Mann lieben will? Willst du das, Frau? Ich weiß, er ist nicht dauernd ärgerlich. Aber willst du ihn lieben, wenn er sich umdreht und die Tür zuknallt?

„Ich möchte nicht darüber reden", sagt er.

Um alles in der Welt! Wenn meine Frau das zu mir sagen würde, würde ich sagen, „Dann ist es besser,

du gehst. Was glaubst du, wofür wir hier sind? Um die
Sache zu vergessen? Das heißt der Liebe gegenüber
unehrlich zu sein. Wenn wir nicht in der Lage sind,
darüber zu reden und etwas Ehrlichkeit zwischen
uns herzustellen, werden wir nie Liebe zwischen
uns haben, denn Liebe ist Kommunikation. Also, was
macht dich emotional?"

Das ist die Frage – für die Frau oder den Mann.

„Was tue ich, das bewirkt, dass du mir gegenüber
so wenig Respekt zeigst, indem du keine Notiz von
mir nimmst, nicht wie du es früher getan hast. Es muss
etwas geben, was ich falsch gemacht habe. Oder etwas,
was du getan hast. Einer von uns hat etwas falsch
gemacht. Du liebst mich nicht mehr so wie früher."

Ehrlichkeit fängt hier an – bei mir: „Was mache
ich falsch?" Ich bin es, der ein ehrliches Leben führen
muss – ohne zu erwarten, dass andere ehrlich sind,
denn diese Erwartung wäre falsch. Ich muss der Liebe
gegenüber ehrlich sein.

Was bedeutet das wirklich? Ehrlich der Wahrheit
gegenüber. Ehrlich dem Leben gegenüber. Ehrlich
Gott gegenüber. Das hört sich zum größten Teil wie
Luftschlösser an. Aber sind das Luftschlösser?

Um der Liebe gegenüber ehrlich zu sein, muss ich
zuerst meinen Ärger aufgeben – meinen Ärger über

alles Mögliche. Denn solange ich ein ärgerlicher Mann
bin (oder eine ärgerliche Frau), bin ich emotional und
die Emotion wird mich von meiner Liebe trennen
– von der Liebe in mir und dann von meiner Liebe in
Person meines Partners, meiner Frau.

Was hast du getan, Frau, dass dir das Herz gebrochen
wurde? Wenn er dich nicht genug liebte, dann muss
sich das in eurem Liebesleben gezeigt haben. Es muss
einen Moment gegeben haben, wo die Flut in die Ebbe
überging. Das war der Moment, um zu sagen, „Was ist
hier los?".

Natürlich ist es am besten, sich von Anfang an
über Ehrlichkeit zu verständigen. Wenn es da eine
Anziehung zu geben scheint, die zu einer Beziehung
führen könnte, ist das Erste, was klar gemacht werden muss: „Ich muss in der Lage sein, mit dir ehrlich
zu sein; und du mit mir." Dann, wenn der Moment
kommt, kannst du ihn fragen: „Warum ärgerst du
dich?" und bekommst, so nehme ich an, eine aufrich-
tige Antwort.

Aber die Liebe ist in unserer Gesellschaft völlig im
Argen, wo es üblich ist, einfach mit einander ins Bett
zu springen. In den Filmen kennen der Held und die
Heldin einander zwei Tage oder zwei Stunden lang
und dann sind sie im Bett. Dieses Ins-Bett-Springen
verbreitet Rastlosigkeit und Unglücklichsein – vor
allem bei der Frau.

Deshalb, Frau, musst du für die Liebe verantwortlich sein. Wenn du den Mann triffst, musst du ihn dazu
bringen, dich zu umwerben. Ihr spürt gegenseitig eine
Anziehung. Ihr seid gerne zusammen. Ihr seid euch
einig: „Ja, ich liebe es, mit dir zusammen zu sein. Ich
möchte so oft wie möglich bei dir sein." Um bei dir zu
sein, muss er es lieben, bei dir zu sein. Wenn er nicht
mit dir zusammen sein will, ohne mit dir zu schlafen,
was hat es dann für einen Sinn, mit ihm zusammen
zu sein?

Wenn er nur mit dir schlafen will, sage ich dir, dass
es nicht lange dauern wird. Als erstes musst du herausfinden: Liebt er es, mit dir zusammen zu sein. Passt er
zu dir? Passt du zu ihm? Sobald ihr diesen Grundstein
gelegt habt, führt eins zum anderen und ihr schlaft
miteinander.

Ihr müsst auf der Basis zusammen sein, dass er bei
dir ist, nicht aus einer „Verpflichtung" heraus, sondern

weil er dich liebt. Sobald es irgendein Zeichen dafür gibt, dass er dich nicht liebt, sagst du: „Ich will nichts mit dir zu tun haben, es sei denn du hörst mit diesem Verhalten auf; es sei denn du liebst mich."

Das ist eine andere Frau als die, die wir in der Welt finden, und es bedarf auch eines anderen Mannes, der sagt, „Ja, ich will dich annehmen. Ich liebe dich und du kannst mich von meinen Emotionen befreien und ich werde dich von deinen befreien, so gut wir das können, durch Liebe." Das erfordert von ihm, sich völlig auf die Liebe zu dir einzulassen, jeden Gedanken daran, etwas anderes zu tun, aufzugeben.

Natürlich werden in euch beiden Emotionen hochkommen, weil es Aufgabe der Liebe ist, euch bis in die Tiefe eures Unterbewusstseins zu durchdringen, wo sich euer emotionales Selbst verbirgt. Und nichts versetzt es so in Aufruhr wie körperliche Liebe. Dieses Eindringen in den Körper rührt tiefe verborgene Emotionen auf und sie kommen hoch, damit ihr beide euch ihnen stellt. Manchmal sehr aufwühlende Dinge. Manchmal kann Verzweiflung hochkommen. Und zwar deshalb, weil es der Sinn der Liebe ist, die alten Emotionen aus euch herauszuholen, und da unten kann es Vieles geben. Aber durch Liebe und Wachsamkeit kann daraus etwas Großes entstehen.

Wir wissen nicht, wie lang die Liebe dauert. Sie wird sicher nicht andauern, wenn ich, der Mann, dich, Frau, als selbstverständlich hinnehme. Und sie wird auch mit meiner nächsten Frau nicht andauern. Aber wenn ich der Liebe treu gewesen bin, dann wird etwas geschaffen worden sein, wenn sie zu Ende geht.

*

„Wir lieben uns. Was ist also zwischen uns gekommen?"

All die kleinen Irritationen und aufgewühlten Emotionen, all die scherzhaften Nadelstiche und harschen Worte haben auf die Partnerschaft einen Schatten geworfen. Unsere Unehrlichkeit hat sich zwischen uns gestellt.

Wenn Mann und Frau sich das erste Mal lieben, wie schön das ist! Erinnerst du dich, wie du und dein Partner es liebten? Also, was ist schief gegangen?

Ihr müsst die Intelligenz besitzen, den Moment zu erkennen, der nicht in Ordnung ist. Ihr müsst da sein, wachsam, und dürft nicht das erste kritische Wort überhören – das erste Wort von ihm, das sie runtermacht. Du weißt schon, Frau, das erste dumme, scherzhafte Wort?

„He, das ist jetzt aber wirklich dumm von dir, oder? Du machst immer so blöde Sachen."

Das ist eine Beleidigung von dir. Sie macht dich emotional, weil sie nicht wahr ist.

So wie der menschliche Geist gestrickt ist, ignoriert er immer das erste Wort des Zweifels oder Furcht. Aber mit diesem ersten Wort fängt die Liebe an, euch zu verlassen, denn hinter dem Wort steckt eine Emotion. Bald wird der eine oder der andere emotional; dann beide, weil die Krankheit der Emotion sich wie eine Epidemie ausbreitet, über die ganze Familie und jeden darum herum. Jeder wird sich aufregen und emotional werden. Aber es hat nichts mit irgendjemand anderem zu tun - nur mit mir!

„Warum mache ich dich emotional?"

Du musst die Frage im allerersten Moment stellen. Drei Jahre später hat es keinen Sinn. Wir müssen für die Liebe Verantwortung übernehmen. Ich muss in der Lage sein, es dir zu sagen, wenn du etwas tust, das mich irritiert und innerlich verletzt. Ich muss in der Lage sein, dir das sofort zu sagen, und du musst in der Lage sein, das anzunehmen, ohne dich oder deine Handlungen zu rechtfertigen. Du darfst nicht widersprechen. Du musst nur zuhören, denn wenn ich offen und ehrlich damit umgehe und dich liebe und du hörst, dass ich Recht habe, wirst du versuchen, dich von dem Ärger in dir zu befreien. Und dasselbe gilt für mich, wenn ich dich unglücklich mache. Dann wird es nicht dazu kommen, dass sich die Emotionen Schritt für Schritt zwischen uns aufbauen.

Der Mann versucht immer, die Frau auf sein Niveau herunterzuziehen; und schafft es normalerweise auch. Dann nimmt sie dieselben schlechten Angewohnheiten an und tut, was der Mann tut. Er glaubt, es sei sein Recht, unehrlich zu sein, also geht sie hin und verhält sich genauso. Diese Gesellschaft stinkt. Wenn man den Deckel über jedem Haus abnehmen könnte, fände man in jeder Familie Unwissenheit, Unglücklichsein und Emotionen. Und man fände die Vortäuschung von Liebe.

Die Liebe dient dazu, das Gefühl, unglücklich zu sein, aufzudecken und es loszuwerden, so dass in dir nichts aufsteigt. Die große Entdeckung Buddhas, als er in die Tiefen des Seins eintauchte – der wichtigste Punkt für

die Gründung seiner Organisation mit ihren Millionen
von Anhängern – war: „In mir steigt nichts auf." Denn
das Einzige, was in mir aufsteigt, sind Emotionen. Der
Buddha entdeckte, dass er all die Emotionen, die er
angesammelt hatte, durchdringen und unter sie gelangen konnte; so dass er sagen konnte: „In mir steigt
keine Emotion mehr auf."

Lieben heißt, dass nichts aufsteigt.

Du kannst sagen, du hast Freude in dir. Aber wenn
du sagst, dass du sie in dir aufsteigen fühlst, ist das nicht
wahr. Freude ist eine Körperempfindung, welche in
der Tat in mir ist, aber nicht aufsteigt. Sie ist entweder
sehr intensiv da oder in schwächerer Form, wie die
sehr subtile Freude, jetzt lebendig zu sein, die ich habe
und die du natürlich auch hast. Die meisten Menschen
machen diese Freude zu etwas Emotionalem: „Ach! Ist
das nicht ein süßes, kleines Baby! Ich kann es kaum
aushalten. Komm mal her. Ach ... was bist du süß!" – So
emotionalisierst du deine Liebe zu dem Baby. Deshalb
wirst du leiden und das Baby wird leiden, weil die
Emotion in es hineingelangt.

Ach, du glaubst das nicht? Dies ist eine psychische Welt. Die materielle Welt ist so dünn wie
Zigarettenpapier. Weil dies eine psychische Welt ist,
übertragen sich die Emotionen in mir – meine Ängste

und Zweifel – auf meine Kinder. Natürlich, da sie mir folgen, werde ich mich emotional in ihnen klonen. Sie werden sich verhalten wie ich und meine Söhne werden die Frauen behandeln wie ich es tue. Die Töchter werden die Männer so behandeln wie ihre Mütter es tun. Anstatt also der Liebe gegenüber ehrlich zu sein, vermeiden Männer und Frauen sie immer nur.

Unser Leben ist unehrlich, weil wir die Liebe vermeiden. Stattdessen verdecken wir unsere sexuellen Frustrationen, Unsicherheiten und Ängste. Das Alltagsleben ist nicht leicht, oder? Aber das Leben ist es. Ich habe das Leben realisiert – in meinem Körper real gemacht. Wenn ich zum Leben werde, liebe ich es. Das Leben ist kein Joch, wie die Liebe keine Last ist. Aber wir haben Leben und Liebe mit dem Alltagsleben verwechselt.

Das Leben ist herrlich und es hat kein Ende. Das Alltagsleben sind die gebrochenen Herzen von kleinen Kindern, die sexuell missbraucht werden; von Frauen, die sich durch schwere Jahre hindurch kämpfen und mit unehrlichen Männern ins Bett gehen. Das

Alltagsleben bedeutet Schmerz. Alltagsleben bedeutet
Anhaftung an Menschen, die ich liebe. Wenn sie ster-
ben oder weggehen, lerne ich schreckliche emotionale Schmerzen kennen. Aber ohne Anhaftung zu
lieben ist Leben, ist Freiheit.

Zu lieben, ohne irgendetwas zurückzuhalten, alles
zu geben, in der Lage zu sein, deine ganze Liebe zu
geben, wäre das nicht wunderbar? Das ist es, was jede
Frau will; in der Lage zu sein, all ihre Liebe zu geben!
Aber wie kann sie das angesichts der momentanen
Verfassung des Mannes? Wenn er zur Besinnung
kommt, ein wirklicher Mann wird und anfängt, das göttliche Leben zu leben, dann kann er sie lieben.

Weißt du, Frau, du bist ein wunderbares Wesen
von Intelligenz, dessen Basis Gott ist. Du weißt, dass
du deine Liebe geben möchtest. Du möchtest die Liebe
Gottes in dir deinem Mann geben. Und sein Verlangen
ist es, sie von dir anzunehmen – dir all seine Liebe zu
geben, so dass du ihm all deine Liebe geben wirst. Und
dann liebt Gott in männlicher Form Gott in weiblicher
Form. Die Formen trennen sie in dieser Existenz, aber
die Liebe kann sie zusammenbringen.

Spreche ich die Wahrheit? Nach deiner Erfahrung? Das allein zählt. Nicht deine Interpretationen. Der menschliche Geist und die Emotionen interpretieren alles. In der Liebe gibt es keine Interpretation. Ich bin, was ich bin. Ich möchte, dass du aufhörst zu interpretieren und schaust, ob ich die Wahrheit spreche, denn das führt zu einem grundsätzlichen Wandel in dir.

Ich verhalte mich nicht so, wie sich Jesus angeblich verhalten hat. Oder der Buddha. Oder wie all die höflichen Leute, die mit sanfter Stimme sprechen. Ich spreche zu Menschen, die Schmerzen haben. Ich spreche zum Menschen in seinem Normalzustand, der so unwissend ist, dass er sich hinsetzen und einer netten Geschichte eines netten Mannes lauschen kann – so schön, so sanft sprechend – und nichts tut. Der Punkt ist, dass du erwachst.

Liebe ist Wahr

*I*ch will nicht, dass meine Frau wahr zu mir ist. Ich will, dass meine Frau wahr zur Liebe ist und wahr zur Wahrheit ist. Das heißt, dass du immer der Liebe zur Wahrheit, der Liebe zur Liebe, den Vorrang geben musst – vor der Liebe zum Mann oder zur Frau.

Wenn ich eine Frau liebe und wahr zur Liebe bin, darf ich nicht wahr zu ihr sein. Wenn sie emotional ist, wird sie sagen: „Warum liebst du mich nicht?" Emotionen wollen immer geliebt werden. Emotionen bedeuten Unsicherheit und suchen nach Liebe, fordern sie. Wenn ich der Frau den Vorrang gäbe, würde ich wahrscheinlich nachgeben. Weil ihre emotionale Forderung so stark ist, könnte ich gegen sie nichts ausrichten. Ich würde mit ihr schlafen. Aber wenn ich Gott oder die Wahrheit an die erste Stelle setzte, würde ich sagen: „Fordere niemals Liebe von mir. Ich werde sie nicht von dir fordern."

Ich tue der Frau keinen Gefallen, wenn sie mit ihren Emotionen durchkommt und Liebe fordert, denn das kommt von einer Unsicherheit in ihr - einem Mangel an Liebe. Nein, sei der Liebe treu. Sag „Hör jetzt auf. Schluss damit! Ich liebe dich, aber ich liebe nicht deine Emotionen. Ich liebe nicht dein emotionales Selbst. Aber ich werde dir helfen, so weit ich es kann." Das setzt nicht die Frau (den Mann) an die erste Stelle. Es setzt die Wahrheit, oder die Liebe, oder Gott, an die erste Stelle.

Wie setze ich Gott an die erste Stelle? – Indem ich nicht das Selbst an die erste Stelle setze. Das Selbst wird hochkommen und fordernd sein oder ärgerlich oder launisch. Und mir ist egal, wer du bist, du kannst das nicht lieben, obwohl mir viele Frauen gesagt haben, sie liebten ihre Emotionen und sie liebten es emotional zu sein. Ich sage: „Wo ist dein armer Mann? Lass es mich mal aus seiner Sicht hören".

Die Liebe enthält keine Emotionen. Oder Forderungen. Oder Ungeduld. Die Liebe enthält keine Launen und Vorbehalte. Wenn ich also der Liebe treu bin, wahr zu Gott bin, werde ich all dies auf keinen Fall in mir tragen. Wenn ich sie nicht in meiner Frau haben will, wie kann ich dann sagen, „Naja, ich bin launisch, Ich ärgere mich, ich bin voller Groll!" Aber das ist genau, was wir tun, oder? – Uns aus der Verantwortung stehlen und andere beschuldigen.

Wahr zur Liebe, wahr zu Gott zu sein, führt
zurück zur Übernahme von Verantwortung. Ich darf
meinem Selbst nicht erlauben, mein System, meinen
Körper, zu übernehmen. Es ist Gottes System. Ich bin
Gott in männlicher Form und sie ist Gott in weiblicher Form und ich darf meinem stinkenden Selbst
nicht erlauben, hochzukommen und mein System zu
übernehmen.

Wenn diese Wahrheit für dich wahr ist, dann kannst du
gar nicht anders als sie zu leben. Das bedeutet, dass du
mit deinem Partner ernsthafte, intelligente Gespräche
führst.

Die Leute treffen sich und verlieben sich einfach und dann fängt eine Beziehung an. Wo ist die
Intelligenz? Sie kommen einfach zusammen, genießen
es zusammen zu sein, gehen miteinander ins Bett und
es gibt in ihrer Kommunikation keine Ehrlichkeit.
Menschliche Liebe ist durchweg ein Zustand der
Unwissenheit. Wir wissen alle, dass jeder Liebe möchte
und die Liebe liebt. Aber ich komme daher und sage:

„Nein, zu allererst muss es eine ehrliche Liebe sein – ehrlich zu Gott bzw. zur Wahrheit.

Das bedeutet, dass man eine intelligente Unterhaltung führt: „Ich habe kein Recht, in dieser Beziehung ärgerlich zu sein. Ich habe kein Recht, andern gegenüber Groll zu hegen. Ich habe kein Recht, in irgendeinem dieser Bereiche negativ zu sein. Es mag vorkommen, dass ich mich ärgere oder einen Groll entwickle, weil ich nicht perfekt bin, aber ich habe kein Recht, so zu sein, und wenn ich es bin, würdest du mich dann bitte fragen, warum ich unglücklich bin, und ich werde dir so ehrlich wie möglich antworten. Ich werde mich bemühen zu sehen, dass das Problem in mir liegt. Wenn ich das nicht sehen kann, sage ich es dir und vielleicht kannst du mir sagen, was mein Problem ist."

Oft sieht der andere es tatsächlich, und wenn er dich nicht anklagt oder dir Vorwürfe macht, kann er dir die Wahrheit sagen: „Ja, du machst dir über das und jenes Sorgen ..." Oder: „Es geht um deine(n) frühere(n) Liebhaber(in); das ist dein Problem."

„Gut, aber ich sehe das nicht. Aber was siehst du?"

Solange es keine Emotion oder Anklage in der Unterhaltung gibt, könnt ihr euch gegenseitig helfen, die Emotionen herauszuhalten. Sobald du deine Reaktionen rechtfertigst, ist die Ehrlichkeit dahin.

*

Die Emotionen der Frau, ihre Unsicherheit, ihr Fordern von Liebe, alles kommt vom Mangel davon – davon, dass sie nicht geliebt wird, von der Furcht vor der Liebe. In ihr ist sicher kein Mangel an Liebe. Sie ist Liebe. Aber die Furcht vor der Liebe ist ihr aufgezwungen worden durch Mangel an Liebe. Oder durch falsche Partner. Natürlich sind nicht alle Liebhaber die richtigen.

Also, Frau: Warum suchst du nicht einen neuen Partner? Es ist egal, ob der Mann irgendetwas vom spirituellen Leben weiß, solange du anfängst, indem du ehrlich sagst, „Dies ist der einzige Weg, wie ich dich lieben kann ...“

Warum nicht mal etwas ändern? Warum nicht? Wird deine Furcht Ausschau halten? Adonis steht möglicherweise vor dir. Deine Angst sagt, „Nein, ich kann niemanden sehen.“

Wir machen oft Jahr um Jahr weiter und denken, das Problem sei „mein Fehler“, während wir in

Wahrheit körperlich oder geistig nicht zueinander passen. Wenn wir nicht tiefer in die Liebe eindringen, uns von Unsicherheiten befreien, und wenn wir nicht zusammen vorwärts gehen, mit mehr Liebe, hin zu dem Bewusstsein einer größeren Realität, kann es sein, dass wir nicht füreinander die Richtigen sind, oder nicht mehr die Richtigen. Es gibt Liebe zwischen uns, aber erreichen wir uns? Funktioniert es noch?

Nicht alle Liebespaare passen geistig zueinander. Und nicht alle Liebespaare passen körperlich zueinander, in der Intimität der beiden Körper. Du wirst das aus deiner eigenen Erfahrung kennen. Ihr schlaft miteinander, aber es „passt" nicht. Oder ihr mögt nicht zusammenpassen, wenn ihr das erste Mal zusammen schlaft, und dann ändert es sich. Oder ihr passt vielleicht nicht immer zusammen, aber es gibt Zeiten, wo ihr ineinander schwingt und es keine Emotion und keinen Gedanken gibt – wo keiner von euch existiert, aber ihr werdet eins im physischen Akt der Liebe. Natürlich ist es nicht immer so!

Wenn ihr am Anfang körperlich zueinander passt, und ihr beide dabei bleibt, der Liebe gegenüber treu und ehrlich zu sein, dann sehe ich keinen Grund, warum ihr nicht für immer zueinander passen solltet. Es sind die Emotionen, die zwischen uns kommen.

Wenn wir uns zum ersten Mal treffen, verbergen wir sie. Wir zeigen unser bestes Verhalten. Aber schließlich kommen sie hoch – die Ängste und Vorbehalte – um uns zu trennen.

Die Situation muss so sein, dass im Ganzen gesehen das Lieben immer besser wird. Wenn es schlechter wird und ihr aneinander und an euerem Heim anhaftet, wird es euch bald zu viel Mühe kosten, der Liebe gegenüber ehrlich zu sein. Dann werdet ihr nicht die Tatsache erkennen, dass ihr nicht mehr zueinander passt, entweder, weil die Emotionen euch auseinander gebracht haben, oder, weil ihr in euren Körpern gegenseitig alles getan habt, was ihr könnt. Manchmal müssen wir dieser Tatsache ins Auge sehen.

In der Frau gibt es eine heftige Reaktion, wenn sie nicht geliebt wird, welche ich „die Furie" nenne. Sie ist der Hass in der Frau über ihre Jahrtausende währende Ausbeutung durch den Mann, seinen Mangel an Liebe. Die Furie ist eine unsterbliche psychische Wesenheit, die immer wieder in der Frau auftaucht, weil der Mann sie immer noch nicht genug liebt.

Er beschwört sie von Zeit zu Zeit herauf und jeder
Mann, der ihr begegnet ist (und jede Frau, die mit
der Furie in sich in Kontakt gekommen ist), weiß,
das ist ein Dämon, ein Teufel aus der Hölle. Und
was ist die Hölle? Nichts Anderes als Hass. Der Hass
auf den Mann ist in der weiblichen Psyche wegen
des schrecklichen Missbrauchs durch ihn über die
Zeiten hinweg verwurzelt. Ein Stück Liebe, das
aus schierer Empörung, nicht geliebt zu werden,
abbrach, hat sich in Emotionen und Gewalt und
reinen Hass verwandelt.

Sie schreit. Frau, hast du jemals einen Mann von
diesem Ort aus in dir angeschrien? Hast du jemals die
männliche Sexualität so sehr gehasst, dass du das Gefühl
hattest, deinen Mann zu hassen? Das ist die Furie. Wenn
ein Mann, den du genügend liebst, dich betrügen würde,
käme wahrscheinlich in dir ein großer Hass auf – nicht
unbedingt wegen dieses bestimmten Mannes, sondern
weil wir als psychische Wesen die Erfahrungen aller
Männer und Frauen aller Zeiten in uns tragen.

Letztendlich muss die Frau diesen Hass umschlie-
ßen. Wenn sie sich darüber erheben kann, dann
betritt sie einen Ort in der Psyche hinter der Furie,
wo Friede und Liebe herrschen. Weil diese Frau die
Liebe in sich gefunden hat, verfolgt die Furie sie nicht

mehr. Das Stück Liebe, das zu Hass wurde, ist wieder als Liebe in sie absorbiert worden und Teil von ihr geworden. Darum geht es in der Liebe. Die Liebe ist dazu da, alle Wunden zu heilen. Sie ist dazu da, die Spannungen und die Gewalt aus den emotionalen Verkrampfungen herauszunehmen, die einst Liebe waren, aber zu Emotionen wurden. Sie ist dazu da, Frau (und Mann) wieder ganz werden zu lassen.

Es gibt viele Frauen, die den Mut hatten zu sagen: „Ich werde nicht genug geliebt. Ich kann das einfach nicht mehr ertragen." Sie sind in meinen Seminaren aufgestanden oder haben mir geschrieben und erklärt, dass sie die Farce einer langen Ehe oder eine Beziehung, in der der Mann sie nur benutzte, beendet haben; oder es ging nur um Gewohnheit, Komfort und Bequemlichkeit. Sie konnten die Heuchelei nicht mehr ertragen. Es ist erstaunlich, welche Kraft daraus erwächst, der Liebe treu zu sein, Verbindungen abzubrechen, die keine wahre Liebe in sich haben. Wenn es nicht genug Liebe gibt, beende sie.

Dasselbe gilt für den Mann: „Ich bin hier für die Liebe. Ich will mich nicht mit Gefühlen abgeben, es sei denn, ich werde genug geliebt. Ich werde in der Liebe keine Kompromisse mehr machen." Dies ist die Liebe, die von innen aufsteigt, aus dem Sein der Liebe, um die bewusste Wahrnehmung zu informieren. Und dann beginnt allmählich ein Wandel.

Es ist der Einzelne, der sich ändert. Es kann nicht in der Masse geschehen. Es ist der Einzelne, der Gott oder die Liebe verwirklichen muss. Es geschieht nicht in den Menschen um dich herum. Du kannst ihnen nicht helfen, Gott zu verwirklichen. Du kannst ihre Fragen beantworten, aber das hat nichts mit ihrer Verwirklichung zu tun. Der Einzige, der wirklich ist, bin ich, der in diesem Körper diese Worte empfängt. Ich bin der Einzige. Ich bin der einzige Liebhaber. Ich bin der Einzige, der für die Liebe verantwortlich sein kann.

∗

Viele östliche Meister, tibetische, buddhistische und andere, haben die Wahrheit Gottes in sich verwirklicht – ein wunderbarer und sehr seltener Zustand. Ich

habe Gott auch „außerhalb der Existenz" verwirklicht.
Aber woher ich komme, ist das nur die Hälfte der
Geschichte. Die Liebe zu Gott wird in der Existenz
gebraucht – in der Liebe von Mann und Frau, wo all
die Schmerzen und Qualen sind. Das ist der Makel an
der Existenz. Wollen all die östlichen Meister, die Gott
verwirklicht haben, mir erzählen, dass die Existenz in
Ordnung ist? Ich sage, dass Gott als Mann und Gott als
Frau nicht okay sind.

Sie sagen vielleicht durchaus berechtigt, es spiele
keine Rolle, weil Gott alles unter Kontrolle hat: „Solange
ich Gott verwirkliche, ist nichts von Bedeutung." Und
das ist die Wahrheit. Aber wenn es mir, wie jedem
anderen, um die Liebe in der Existenz geht, dann ist
die Verwirklichung Gottes nur die halbe Geschichte.

Woher ich komme, ist es so, dass ich diese Liebe
durch diesen Körper in die Existenz bringen muss. Als
Mann muss ich die Frau durch meine göttliche Liebe
informieren: „Dies ist Gott. Du wirst von Gott in männlicher Form geliebt."

Wenn der Mann sein menschliches Selbst aufgibt –
sein ärgerliches, unglückliches Selbst – ist Gott in ihm
anwesend. Und die Frau, wenn sie zur Abwesenheit
von Gefühlen wird, von Emotionen entleert wird, ist
sie Gott in weiblicher Form.

Wo sonst ist Gott? Du kannst es mir nicht zeigen. Du kannst zu Gott „irgendwo da oben" beten, und ich verstehe den Impuls, aber Gott ist keineswegs „da oben". Gott ist in „mir", und meine Aufgabe ist es, den Gott, die Liebe, die ich realisiert habe, in die Existenz zu bringen, wo so wenig davon da ist.

Die letzte Wahrheit der Liebe ist, dass jede Frau Gott in weiblicher Form ist und jeder Mann Gott in männlicher Form. Wenn du zur Pyramide der Existenz herunterkommst, wo alle Komplikationen beginnen, kannst du über deine Liebe zu diesem oder jenem diskutieren. Aber wenn du die Pyramide hochgehst, kommst du schließlich zu Mann und Frau als Gott. Wenn sie in Liebe vereint sind, dann ist Gott verwirklicht. Dann ist das wunderbare Entzücken der Liebe real.

LIEBE IST INTELLIGENT

*J*eder Tag unseres Lebens ist eine Lehre. Der Fortschritt in unserer Intelligenz zeigt sich darin, dass wir immer verantwortlicher werden. Darum geht es. Wie werden wir also verantwortlicher für unser Leben? Wie wird man intelligenter?

Ein guter Anfang ist es, zu wissen, was du nicht willst. Nicht, was du willst; was das Handeln der meisten bestimmt. Sie wollen dies oder das und hoffen, wünschen und beten es herbei. Das Wünschen ist das, was uns in unsere heutige Misere gebracht hat. Das wird dich nicht verantwortlicher für dein Leben machen. Um intelligenter zu werden, muss ich in der Lage sein, mein Leben, meine Situation, anzuschauen und zu sehen, was ich nicht will. Das bedeutet nicht, „was ich nicht mag". Wenn ich von dem aus handle, was ich nicht mag, strebe ich nach dem Gegenteil – was ich mag. Mögen und Nicht-Mögen sind das Tischtennisspiel des menschlichen Daseins, welches

zu Unwissenheit, Unglücklichsein und Mangel an
Erfüllung führt ...

Meine Wünsche ändern sich. Was ich nicht will,
ändert sich nicht. Schaust du nur auf das, was du willst?
Oder hast du schon gelernt, was du in einer Beziehung
nicht willst?

Deshalb, Frau, hat es keinen Zweck zu sagen, du
möchtest, dass der Mann dich liebt. Was hast du in
deinen Beziehungen gelernt? Willst du immer wieder die gleiche Erfahrung machen, geblendet durch
deine Anhaftung an deine Erwartungen an einen
bestimmten Mann, um dann die Konsequenzen dafür
tragen zu müssen – mit dem zurechtkommen zu müssen, was du nicht willst, und das zu entschuldigen? Das
tut jede Frau – bis sie zur wirklichen Frau wird. Eine
wirkliche Frau ist das, was ich als „wirklich intelligent"
bezeichnen würde. Sie will nichts. Sie ist dem treu, was
sie nicht will.

Am Ende wirst du zu alt oder denkst, du seist
zu alt, dir über all dies Sorgen zu machen. An diesem Punkt geht es in deiner Beziehung oft eher
um Bequemlichkeit (und Unbequemlichkeit) als
um Liebe. Aber, egal wie alt sie ist, liebt die Frau die
Liebe. Sie liebt die Aufmerksamkeit. Sie liebt die
Anerkennung. Es ist nie zu spät, eine Beziehung zu

haben. Du bist nie zu alt und du weißt nie, wann sie
kommt.

*

Mann, du bist von ganz anderer Art, nicht wahr?

Ich sage, dass Mann und Frau zwei verschiedene
Spezies sind. Das einzig Gemeinsame sind zwei Arme,
zwei Beine und der Kopf. Ansonsten sind sie ganz
und gar verschieden. Es ist klar, dass es für zwei verschiedene Spezies äußerst schwierig ist zusammen
zu leben und zu lieben. Es beginnt damit, dass er Sex
und sie Liebe will. Sex und Liebe können sich niemals
treffen, es sei denn, es ist genügend Liebe im Sex, was
bedeutet, dass im Lieben des Mannes Intelligenz da
sein muss.

Viele Männer sind sehr erfahren in Liebesdingen
und können eine Frau sexuell erfreuen, aber ist da
genug Liebe im Sex? Gibt es darin genug Intelligenz?
Der erfahrene Liebhaber erfreut die Frau nicht unbedingt bezüglich ihrer Liebe zur Liebe, ihrer Liebe zur
Romantik. Für die Frau ist Liebe gleich Romantik, und
warum auch nicht? Auch für mich ist das so. Aber wie
sieht es mit dir aus, Mann?

Was heißt Romantik? Wo fängt sie an? Sie beginnt
mit der Anerkennung der Frau, die du liebst. Ich spreche von wirklicher Anerkennung der Weiblichkeit in
ihr durch einen wirklichen Mann – nicht durch einen
der vielen Angeber, der oberflächlichen Liebhaber, die
mit Schmeicheleien ihre sexuellen Ziele zu erreichen
suchen, sondern durch einen wirklichen Mann, der
von der Frau angezogen ist und sie liebt, der weiß,
dass sie die Romantik sucht, und sie anerkennt, ihre
Anmut sieht, jeden Teil von ihr liebt und ihr sagt, wie
wunderbar sie ist.

Möglicherweise zeigt sie nicht, dass sie bemerkt,
was du sagst, Mann. Aber sie tut es!

Meine Regel heißt: „Dich zu lieben, heißt, dich zu
kennen. Und dich zu kennen, heißt, dich zu lieben".
Das ist wirkliches Wissen – nicht Kenntnis von der Art,
dass ein Mann denkt, er wüsste, was eine Frau will. Es
ist das Wissen, das aus der Anerkennung und Liebe ihr
gegenüber entsteht.

Weißt du, was passiert, wenn du eine Frau wirklich
immer und jederzeit anerkennst? Wenn sie wahrhaftig
in Liebe anerkannt wird, erscheint die Weiblichkeit in
ihr.

Das ist ein außerordentliches Wunder. Die
Weiblichkeit ist die göttliche Wahrheit in der Frau, ihre

göttliche Schönheit. Wie wenn die Sonne über dem
Meer aufgeht, und plötzlich, in einem Augenblick,
siehst du die Schönheit der Szene und lächelst. Und
wenn Tränen in deine Augen kommen, dann deshalb,
weil du die Schönheit tief in dir erkennst, unter all
deinem Wollen und Streben, Wünschen und Hoffen
und Beten. Plötzlich hast du diese Schönheit gesehen.
Dann ist sie verschwunden, nur um irgendwo anders
wieder zu erscheinen, irgendwann. So ist es mit der
Weiblichkeit. In jeder Frau ist sie wunderschön. Aber
oftmals erfährt sie keine Anerkennung; und ohne sie
verschwindet sie.

Wenn die Weiblichkeit diese unmittelbare
Schönheit in allen Frauen ist, was ist dann „die Frau",
in der diese erscheint? Was bist du, Frau? Du bist das
Produkt der Zeit, all dieser Jahre an Erfahrungen;
all dieser Erfahrungen mit Männern, mit der Liebe,
dem Mangel an Liebe, der Mutterschaft und mit
Partnerschaften. Weil sie das Produkt von Zeit und
Erfahrung ist, stirbt die Frau. Die Weiblichkeit stirbt
nie.

∗

Männer sind natürlich auch das Produkt von Zeit und Erfahrung. Was ist also im Manne göttlich? Ist es „die Männlichkeit"? Nein, die Männlichkeit im Mann ist sein sexueller Trieb bzw. das Problem in ihm. Das Göttliche im Mann ist das, was ihn edel macht. Der Mann hat einen grundlegenden Edelmut, eine gottgegebene Essenz, mit der er seine sexuelle Männlichkeit transformieren kann. Und weil er ein edles Wesen ist, hat er die Macht, das zu tun. Jede Frau kennt diese Schönheit im Mann, diese Göttlichkeit. Deshalb ist sie auch ewig von ihm angezogen, so wie er von der Weiblichkeit angezogen ist, dem Göttlichen in ihr.

Wenn wir die Männlichkeit im Manne anschauen, sehen wir Triebkraft. Die Männlichkeit ist selbstbewusst und will sich durchsetzen. Die Männlichkeit ist ungeduldig, besonders im Sex. Die triebhafte männliche Sexualität ist der schreckliche Antrieb des Unglücklichseins in der Existenz. Der edle Mann muss diese Männlichkeit transformieren, muss seine Intelligenz benutzen, um diese sexuelle Triebkraft in die Macht der Liebe zu verwandeln. Dann wird die Männlichkeit in ihm zur Liebe in ihm. Und die Kraft wird zur Macht.

Natürlich genießt die Frau die Männlichkeit des Mannes. In einem wilden, leidenschaftlichen

Zusammensein genießt die Frau, welche genügend
Selbsterkenntnis von der Liebe hat, die Kraft des
Mannes, die Sicherheit mit der er weiß, was er sexuell will. Sie möchte, dass er weiß, was er will; nicht
dass er den „kleinen hilflosen Jungen" spielt. Aber
sie genießt es nicht, wenn er befangen ist. Da ist eine
Triebkraft in seiner Befangenheit, die versucht, etwas
mit ihr zu machen ... Das mag sie nicht. Sie mag seine
natürliche männliche Bestimmtheit, solange sie kein
Eigeninteresse enthält. Stimmt das nicht, Frau? Du liebst
seine leidenschaftliche Umarmung, seinen Wunsch,
dich für immer zu halten. Diesen Eindruck bekommst
du von ihm, weil seine männliche Sexualität dich ja für
immer haben will! Das Problem ist, sie ermüdet. Sie
kann nicht aufrechterhalten werden. Ja, am Anfang,
wie herrlich es da ist, wenn er dich mit all seiner Kraft
besitzt und du ihm das Wunder deiner Schönheit
gibst; aber nach Wochen oder Monaten geht das zu
Ende. Wenn im Manne kein Edelmut, keine Macht und
kein Wissen von der Liebe ist, kann sie nicht aufrechterhalten werden.

*

Der edle Mann ist immer im Kampf mit dem Feind. Er muss den Kampf ausfechten wie jene edlen Ritter in den Darstellungen der Ritterlichkeit, die im Turnier den Feind immer wieder angreifen. Ich weiß nicht, ob es diese Ritterlichkeit je gab, über die die Dichter schrieben. Aber ich werde dir sagen, was Ritterlichkeit ist. Ritterlichkeit heißt, der Liebe den ersten Platz einzuräumen. Und der Liebe den ersten Platz einzuräumen, heißt, der Frau den ersten Platz einzuräumen. Der edle Mann räumt der Frau den ersten Platz ein, weil er sie liebt. Und jede Frau ist ein edles Burgfräulein in Not. Und so reitet er mit Schwert und Lanze zu ihr und hebt sie zu sich herauf, wenn der Drache Sex Feuer speit und sie verschleppen will. Er kommt herbei und erschlägt den Drachen. Er sorgt sich nicht um sein eigenes Leben. Er schreckt nicht vor seiner männlichen Triebkraft zurück, seinem Sexualtrieb – weil er der Liebe den ersten Platz einräumt. Ihm geht es nicht darum, seinen sexuellen Drang zu befriedigen. Sein eigener männlicher Sexualtrieb ist dieser Drache. Und er wird verschwinden und sich dann wieder erheben, ohne jemals abgetötet zu werden. Aber er kann transformiert werden.

Der Mann ist also immer im Kampf, mit seiner Lanze vorwärts und rückwärts attackierend. Und die

Liebe der Frau begleitet ihn. Sie gibt ihm ihr Band, damit er es sich als Symbol ihrer Liebe zu ihm um das Handgelenk bindet. Ihre Liebe stärkt ihn, denn er bekämpft für sie den Feind. Sie sieht ihn kämpfen und umschließt still all ihre Emotionen. Sie darf nicht laut aufschreien. Sie muss still sein. Diese Frau hält nach dem edlen Mann Ausschau. Sie genießt seine Sexualität, aber nicht seine Triebkraft.

Die Triebkraft des Mannes kommt daher, dass er nicht weiß, was er tut; von seiner Befangenheit bzw. seiner Selbstrücksicht. Sie kommt vom Fantasieren, während er mit einer Frau schläft. Jegliche Form der Selbst-Reflexion während des Liebesaktes ist unintelligent.

Wie erklärt der Wissenschaftler die Liebe? Er geht irgendwo zu einer Konferenz. Und ich sage dir, er denkt dabei an Frauen. Er wird sich selbst befriedigen oder zu einer Prostituierten gehen. Sollen wir einem Wissenschaftler glauben, der sagt, das passiert nicht? Bloß, weil er Einsteins Theorie wiedergeben und an eine Tafel schreiben kann? Diese Wissenschaftler, die nicht der Liebe den Vorrang geben, ... können wir ihnen glauben? Sind sie nicht so wie jeder von uns?

Ich kann dir alles über Mann und Frau sagen, weil ich, durch Gottes Gnade, das Selbst kenne. Ich weiß alles über Liebe, Wahrheit, Gott, Leben und Tod – durch mein eigenes Selbst-Wissen.

Ich sage dir, auf Erden ist es für den Mann das Schwierigste, eine Frau zu lieben. Das ist der Grund dafür, dass er sich manchmal Männern zum Lieben zuwendet, weil es leichter für Kumpels ist, sich zu lieben, wenn sie einen Impuls in diese Richtung verspüren. Die Frau zu lieben ist äußerst schwierig. Aber es ist unmöglich, sie zu ignorieren!

Du kennst vielleicht den Song aus *My Fair Lady*: „Ach, warum kann eine Frau nicht eher wie ein Mann sein!" Wenn der Mann die Frau sich ihm ähnlicher machen kann, kann er sie verstehen. Aber Verstehen ist nicht Liebe. Verstehen ist die Grenze des menschlichen Verstandes. Wenn wir von Liebe reden, reden wir nicht vom begrenzten menschlichen Verstand. Wir reden von Intelligenz.

*

Ich sagte vorher, dass die Frau die göttliche Essenz
der Weiblichkeit in sich trägt und der Mann seine
eigene edle Göttlichkeit in sich trägt – aber auch seine
Männlichkeit.

Das erste Interesse des jungen Mannes ist sein
sexueller Trieb, der sich als Ehrgeiz ausdrückt. Er
will sich in der Welt beweisen. Als einziges Ich im
Universum will er überall vorne sein, alles sein und
tun. Er will etwas erreichen. Das ist in Ordnung. Er
wurde mit seinem sexuellen Trieb geboren, um das
Leben zu erfahren. Dieser treibt uns dazu, Kriege zu
führen, Geschäfte abzuschließen, all die Dinge zu
tun, die ein Mann tut. Letztendlich steht hinter seinem Drang in die Existenz sein sexueller Drang in
die Frau zu gelangen. Er muss mit seinem enormen
Sexualtrieb, der von Geburt an in ihm ist, etwas tun,
also behandelt er die Welt wie eine Frau. Er drängt in
die Welt, um Erfahrungen zu machen. Auf seinem Weg
sammelt er Erfahrungen mit Mädchen, schlendert
durchs Leben, versucht mit ihnen zu schlafen, tut,
was die Gleichaltrigen tun, macht auf cool, beleidigt
sie. Er weiß nicht, wie man sich als Gentleman – als
richtiger Gentleman – verhält, weil ihm das keiner
mehr beibringt. Also lernt er, seine Männlichkeit zu
betonen. Er spielt immer mehr Fußball, Tennis oder

was immer auch dazu taugt, seine sexuelle Energie abzuleiten. Oder er feuert sein Team an, um so seine Sexualität auszudrücken. Meistens ist er eher Anhänger als Aktiver.

Und nun zurück zur Weiblichkeit: Da sitzt sie schmachtend und wartet darauf, dass er vom Fußball, der Arbeit, seinem Unternehmen, vom Computer nach Hause kommt; wartet darauf, dass er einfach nach Hause kommt und sie liebt. Es gibt keine Frau, die nicht geliebt werden will. Sie hat sich vielleicht schon vor Langem vom Mann abgewandt – von seiner Männlichkeit. Aber sie sehnt sich immer noch danach, anerkannt – geliebt – zu werden. Sie sehnt sich nicht nach Sex oder danach, aufgegeilt zu werden – obwohl ihre Sehnsucht nach Liebe sich mit Sex vermischen kann.

Die Frau hat solch ein Verlangen nach der Schönheit des Mannes, dass sie glaubt, sie brauche ihn sexuell. Sie will das wohltuende Gefühl, gehalten zu werden. Sie will das, was er in sich hat und ihn anders macht – jenes Y-Chromosom. Sie will die Wärme seiner leidenschaftlichen Männlichkeit, mit Liebe gepaart. Was sie meistens bekommt, ist seine leidenschaftliche Männlichkeit ohne viel Liebe. Deshalb hat sie nicht genug Romantik in ihrem Leben. Er will im Vollbesitz

seiner männlichen Kraft sexuelle Befriedigung und
hat keine Zeit, die Frau anzuerkennen, außer vielleicht
zu Anfang der Beziehung. Später gewöhnt er sich an
sie und nimmt sie als selbstverständlich hin.

Dies passiert nur, wenn die Frau nicht die
Weiblichkeit ist – wenn sie nicht die weibliche Macht
in sich trägt. Sie wird emotional und will, wünscht und
hofft ... Aber das ist nicht intelligent – denn die Frau hat
in sich die Macht, den Mann dazu zu bringen, sie zu
lieben. Frau, du hast die Macht!

„Aber, Barry", sagst du, „Wie kriege ich das? Was
muss ich tun?"

Erinnerst du dich an den Ritter? Beobachte, wie
er im Turnier kämpft und umschließe still deine
Emotionen, unbewegt; und kämpfe nicht mit ihm,
während er dort seinen Kampf ausficht.

Um diese weibliche Macht zu sein, gib nicht deinem Verlangen nach dem Mann nach. Gib nicht dem
Gedanken Raum „Jetzt stehe ich ohne einen Mann da";
oder „In meinem Alter kriege ich vielleicht nie mehr
einen Mann, also nehme ich ihn ... Ich weiß, es ist nicht
das, was ich wirklich will, aber es ist egal, weil ich die
Umarmung will, wenigstens eine Zeit lang ..." Das ist
nicht gut genug, oder?

„Wenn ein Mann mit mir zusammen ist, muss er mich für das lieben, was ich bin."

Das heißt, nicht nur „die Frau, die ich bin". Er muss „die Intelligenz, die ich bin", lieben, d. h. die göttliche Weiblichkeit. Göttlich bedeutet intelligent. Er muss dieses Bewusstsein lieben.

Die Weiblichkeit ist eine göttliche Intelligenz. Die Frau ist das nicht, auch wenn sie versucht, sich so darzustellen. Sie schminkt ihr Gesicht, frisiert ihr Haar, zieht sich schön an – dagegen ist nichts zu sagen, aber all diese Versuche, die weibliche Schönheit zu präsentieren, geben nur ein Abbild davon wider. Die Hochglanzjournale und -filme zeigen uns Frauen, die glamourös und wunderschön zurechtgemacht sind, von hinten beschienen von Licht, das ihr Haar zum Leuchten bringt. Das sind alles Versuche, die Weiblichkeit darzustellen. Aber die Weiblichkeit kann so nicht erfunden werden. Die Frau muss das Bewusstsein der Weiblichkeit entwickeln, der ein liebender Mann nicht widerstehen kann.

Wie machst du das? Ich wiederhole: Du musst deinem Wollen, Wünschen und Hoffen widerstehen – deinem Verlangen nach der Liebe des Mannes. Du tust das, indem du dieses Bewusstsein der Weiblichkeit bist, die göttliche Intelligenz der Weiblichkeit, die in dir ist, anstatt eine künstliche Projektion davon vorzuführen. Erinnere dich, dass du als Frau das Produkt von Zeit und Erfahrung bist, welches deine Emotionen erschafft, aber die Weiblichkeit in dir ist nicht emotional. Sie ist eine göttliche Intelligenz in jeder Frau.

*

Die Weiblichkeit ist intelligent. Sie ist in dem Blick, den eine Frau unwissentlich hat, wenn ein Mann die Schönheit in ihr sieht. Sie ist im Licht ihrer Augen, wenn sie lächelt; in dem echten Lächeln auf ihren Lippen. Sie ist nicht immer zu sehen, diese Schönheit der Weiblichkeit, aber sie kann erkannt werden und vom Standpunkt des Mannes aus gesehen kommt seine Liebe zu ihr von diesem Wissen von der Weiblichkeit.

Wenn du Gott oder das Göttliche in irgendeiner Form siehst, ist das Ergebnis Wissen. Die Weiblichkeit zu sehen erzeugt Wissen, welches keine Kenntnis von etwas ist. Der Mann hat das Wissen, dass er die Weiblichkeit einfach liebt. Das ist Liebe, ohne etwas zu kennen oder zu fühlen.

„Ich liebe dich einfach. Ich *fühle* nicht, dass ich dich liebe, denn das wäre eine emotionale Liebe. Ich

würde meine Anhaftung an dich fühlen und wenn du
mich verließest, würde ich leiden. Ich habe einfach das
Wissen, dass ich dich liebe."

Siehst du, dass Wissen nicht Kenntnis von etwas
ist?

Du siehst, wie weit entfernt wir von diesem Zustand
sind, diesem Wissen von der Liebe. Und das deshalb,
weil wir unseren Gefühlen glauben. Die Frau hat das
Gefühl, sie braucht den Mann, und verstärkt dann
das Gefühl, indem sie darüber nachdenkt. Sobald du
an irgendetwas denkst, gibst du ihm ein Momentum.
Wenn die Gedanken um sich kreisen, belastet dies das
Gehirn und du wirst emotional. Du kannst nicht aufhören zu denken. Du hast deine Sexualität wieder ins
Spiel gebracht und deine Liebe vergessen.

Frau, hier ist etwas, was du dir merken solltest: Du
kannst dem Mann nichts beibringen. Die Frau wird
dazu nie in der Lage sein. Du kannst ihn nicht ändern.
Aber du kannst ihm helfen, sich selbst zu ändern,
indem du die Weiblichkeit bist, die du bist. Wenn der
Mann, mit dem du zusammen bist, sich ändern will

und du diese weibliche Intelligenz bist, wird er sich
ändern.

*

Wie ist das für den Mann, wenn eine Frau diese Stufe
von Intelligenz erreicht?

Die weibliche Intelligenz ist keine Sklavin der
Gefühle und Emotionen der Frau. Deshalb wird der
Mann als erstes ab und zu spüren, dass sie kalt ist.
Unwissenheit und Emotionen sind warm, in verschiedenen Abstufungen. Aber die Wahrheit ist kalt. Eine
Frau mit Bewusstsein ist deshalb kalt. Aber sie ist nicht
niedergeschlagen, nicht emotional, nicht ärgerlich.
Sie lächelt viel, weil sie die Schönheit des Lebens in
sich und außerhalb von sich sieht. Sie geht unbesorgt
durchs Leben, denkt nicht über ihre selbstsüchtigen
Gefühle nach, weil ihre Intelligenz sich darüber erho-
ben hat. Natürlich sind sie ganz unten da. Wie du
weißt, ist das Potential aller Gefühle tief in uns, aber
die intelligente Weiblichkeit steht über all dem. Wenn
also eine Frau diese Intelligenz ist, wirkt sie kalt auf
den Mann, der auf Sex aus ist. Sie weiß, was sie nicht

will. Geh weg, kleiner Junge. Komm wieder, wenn du
ein Mann bist, falls ich dann noch da bin! Sie ist höflich.
Sie ist sehr liebevoll.

Diese Intelligenz ist Liebe. Sie ist die Liebe zu Gott.
Sie liebt Gott zuerst, vor jedem Mann – Gott, die Macht,
die hinter allem steht. Sie hat das Wissen von dieser
Macht in sich und das hält ihren Fokus am rechten Ort.
Da ist nichts in ihr. Eine Abwesenheit von Gefühlen.
Aber deshalb ist sie nicht depressiv, frustriert, unge-
duldig. Sie *ist* einfach.

Ein Mann kommt zu ihr; ein Mann, der eine Zeit
lang bei ihr bleiben will, der Sex will. Er wird versuchen, sie zu untergraben und sie zu erledigen, indem
er sich durch seine wunderbaren Liebestechniken
und Schmeicheleien an sie hängt. Die wirkliche Frau
gibt nicht nach. Sie hat genug Selbst-Wissen. Dann
kommt ein anderer Mann. Ein wirklicher Mann. Er
erkennt sie als die Weiblichkeit. Und sie erkennt ihn,
weil sie den Mann kennt und liebt. „Dich zu lieben, ist
dich zu kennen" – das Wissen von dir zu haben. Sie
erkennt also das Göttliche in ihm und wird sich nicht
mit dem Anderen, der Männlichkeit, zufrieden geben.
Dieser Mann liebt sie wirklich für das, was sie ist. Er
möchte mit ihr zusammen sein. Er bescheint sie mit
der großen Sonne, die der Mann ist. Er hat das Wissen

von ihr, weil er ihre Schönheit liebt, die weibliche
Intelligenz, die sie in ihrem Körper ist.

Wenn eine Frau so von einem Mann geliebt
wird, wird er sich ändern und sie wird ihn lieben
und umsorgen in der Art, wie es ein Mann genießt,
von einer Frau umsorgt zu werden. Und er wird sie
umsorgen.

Der Grund, warum der Mann so an seiner Sexualität
und Männlichkeit anhaftet, liegt darin, dass er keine
wahre Frau zum Lieben hat. Frauen sind in ihren
Gefühlen und Emotionen gefangen. Ein Mann kann
eine solche Frau nicht lieben. Jedes Mal, wenn er
es versucht, wird sie in irgendeiner Weise emotional. Entweder er oder sie entspricht nicht den
Erwartungen. So fangen sie an, sich gegenseitig zu
verurteilen. Dann versuchen sie, einander zu ändern.
Oder sie begnügen sich zum Wohle der Kinder damit,
in Komfort und Bequemlichkeit zusammenzuleben.
Die ganze Zeit gehen sie auf die Katastrophe zu. Sie
bringen sich um, weil sie die Liebe umbringen.

Du musst die Liebe an die erste Stelle setzen – vor den Kindern, vor dem Haus, vor der Arbeit. Du musst Gott an die erste Stelle setzen, denn Gott ist die Liebe. Zuerst kommt die Liebe zu Gott. Alles kommt von Gott, dem Unerklärlichen. Ich liebe die Macht Gottes. Wie könnte ich irgendetwas anderes davor lieben?

Frage mich nicht, was Gott ist. Alles, was ich weiß, ist, dass Gott erstaunlich, großartig ist, und ich liebe ES. Ich muss es nicht zu erklären versuchen wie die Wissenschaftler. Ich will nicht wissen, woher alles kommt. Ich will Gott nicht erkennen, weil ich bereits weiß. Ich bin Intelligenz.

Ich bin intelligent. Und da ich intelligent bin, bin ich bewusst. Aber ich bin nicht „Bewusstsein": Ich bin Intelligenz. Jede Bezugnahme auf das Bewusstsein bedeutet Selbst-Reflexion. Ich habe nur Selbst-Reflexion, soweit ich bewusst bin.

Ich bin nur hier, um dir die Idee davon zu geben. Ich versuche nicht, die Person, die das sagt, als jemand Besonderen hervorzuheben. Ich versuche nur, dieses Wissen anhand deiner eigenen Erfahrung zu objektivieren, so dass du es hören kannst. Denn ich lebe diese Liebe zu Gott. Ich rede nicht nur darüber. Ich lebe sie, wie wenn ich einen Lichtschalter anschalte, und bin voller Staunen. So sehr liebe ich Gott. Und dadurch weiß ich, was die Frau ist, und die Weiblichkeit. Daher weiß ich, was die Männlichkeit ist und der edle Mann, der jenseits der wildesten Träume des Mannes ist. Denn der edle Mann ist Gott selbst in physischer Form. Und es ist der Sinn der Liebe auf Erden und der Sinn aller Leiden und Schmerzen, die jeder durchmacht, dass wir intelligenter werden. Und intelligent zu sein, heißt, das Erste an die erste Stelle zu setzen.

Ich begann, indem ich sagte, dass du wissen musst, was du nicht willst, um für dein Leben verantwortlicher zu sein. Nun also, Frau, willst du deine Gefühle? Willst du dich auf einen Mann einlassen, der vielleicht Marihuana raucht, zu viel trinkt, immer beim Fußball ist oder fernsieht? Wisse, was du nicht willst, und fange da an.

Es mag schwierig sein einen Mann zu finden, der hält, was er verspricht, der dich wirklich wegen deiner Intelligenz lieben kann, weil du die leuchtende Weiblichkeit bist, die von dir ausstrahlt, durch deine Augen und die Art, wie du deine Hand hältst. Eine Frau, die diese Weiblichkeit ist, sagt einfach: „Ich liebe dich. Sei bei mir." Aber sie weiß, sie will nicht seine Blindheit; seine gelegentlich glasigen Augen, wenn er über etwas nachdenkt.

Sie sucht nicht den perfekten Mann. Sie weiß, dass es das nicht gibt. Wenn er sie nur einfach liebt, wird ihr Bewusstsein ihn so perfekt machen, wie es ihm möglich ist – solange sie wahr zu Gott ist und der Liebe den ersten Platz einräumt, vor ihren Gefühlen, ihren Launen, ihrem Unbefriedigtsein und ihrer Unzufriedenheit, vor ihrem Wunsch, woanders sein oder ihr Leben zu ändern zu wollen. Sie kann das nicht wollen, denn Gott regiert ihr Leben. Gott ist genau die Intelligenz, die sie ist. Wir können Gott nicht näher kommen als diese Intelligenz zu sein.

Dies ist es, was den Mann verändert. Wenn er genug liebt, kann er seinen männlichen sexuellen Trieb in Liebe umwandeln. Der Sexualtrieb, Liebe, Gott und Intelligenz müssen zu Einem vereint werden – dem Edelmut, der der Mann ist. Der edle Mann versucht so weit wie möglich seinen Ärger, seine Frustration, seinen Groll, seine Eifersüchteleien zu überwinden; immer danach strebend, es besser zu machen. Er muss sich nicht über Nacht ändern. Das kann er nicht. Aber wenn er weiß, was er nicht will, wird er es besser machen. Was er nicht will, wird keine

Anerkennung bekommen. Wenn er es in sich anerkennt, gibt er ihm Stärke und dann wird es ihm mehr
Probleme machen denn je.

Der Trick ist, Verantwortung für dein Leben zu
übernehmen. Aber es ist der seltenste Trick, den es
gibt, weil es die Wenigsten tun.

VON SELBSTLIEBE ZUR HINGABE

Selbstliebe ist der Normalzustand der gesamten Menschheit. Wir sind darin verwickelt, ob wir wollen oder nicht, bis wir uns durch Gnade zu einem anderen Ort höherer oder schnellerer Intelligenz erheben. Durch diese Entwicklung werden wir immer intelligenter. Das ist der Sinn des Lebens. Gemäß der Intelligenz, die wir sind, wählen wir unsere Partner, unsere Freunde, unsere Arbeit und unsere Lehrer. Wenn sich unsere Intelligenz genügend beschleunigt, verlassen wir einen Lehrer und gehen zu einem anderen, der eine größere oder schnellere Intelligenz aufweist. Unsere Intelligenz bewegt uns hin zu einer ähnlichen Intelligenz oder dahin, wo eine Zunahme von Intelligenz garantiert ist – wenn wir intelligent genug sind, nicht dagegen anzukämpfen.

Aber weil wir alle am Zustand des Menschen teilhaben, nehmen wir eine Position ein. Andere nehmen ihre Positionen ein und wir müssen kämpfen – Kraft einsetzen. Und dann erfahren wir Frustrationen, Enttäuschungen und Unglücklichsein. All diese Emotionen sind Teil des Zustandes, durch den wir hindurch müssen. Es ist wie ein Tunnel, den die Menschheit seit Jahrtausenden durchwandert. Es ist sehr selten, dass irgendjemand durch die Emotionen zu einem Ort der Leichtigkeit und höherer Intelligenz gelangt. Aber jetzt haben wir die Gelegenheit, auf der anderen Seite herauszukommen.

Der ganze Sinn, bei einem spirituellen Meister zu sein, liegt darin, intelligenter zu werden und diesen Tunnel zu durchqueren. Mir geht es darum, die Menschen von ihrer Anhaftung an ihre Gefühle zu befreien. Und ich demonstriere die Wahrheit gern in deiner eigenen Erfahrung, weshalb du eine gewisse Intelligenz haben musst, um bei mir zu sein. Also, Selbstliebe: Was ist sie nach deiner eigenen Erfahrung?

Selbstliebe ist es, wenn du emotional bist. Und Emotionen sind Ärger, Furcht, Selbstzweifel, Frustration, Vorwürfe an andere, Eifersucht, Groll gegen irgendjemanden oder irgendetwas. Wenn du dir erlaubst, emotional zu werden, ist das eine Form von Selbstliebe – denn du liebst deine Emotionen. Wenn du sie nicht lieben würdest, hättest du keine, oder? Du ziehst vielleicht das Wort „mögen" dem Wort „lieben" vor. Aber du hast nichts, was du nicht magst, wenn du es vermeiden kannst.

Wenn du emotional wirst, liebst du dein Selbst. Das ist eine sehr intelligente Aussage und ich nehme an, sie kommt bei dir an. Es ist kein Vorwurf. Es ist einfach, wie es ist. Aber ist das für dich okay? Hast du mich gehört? Deine persönliche Ansicht spielt da keine Rolle. Sie ist nämlich emotional. Deine persönliche Ansicht ist genau das, was wir versuchen loszuwerden, so dass du nur die Tatsachen siehst. Die Tatsache sagt aus, wie etwas ist. Du kannst nicht emotional werden, wenn du nur die Tatsachen siehst. Hier ist ein Tisch. Du kannst dich darüber nicht aufregen – es sei denn, du sagst, „Ich will diesen Tisch." Wenn du ihn besitzen willst, wirst du Maßnahmen ergreifen ihn zu bekommen. Du wirst ein Angebot machen. Tatsache aber ist, dass der Tisch nicht zu verkaufen ist!

Verstehst du? Irgendetwas zu wollen, ist Selbstliebe. Es ist persönlich – die Person neben dir will den Tisch nicht. Du willst mit dem Mann oder der Frau zusammen sein; aber die Person neben dir will nicht mit ihm oder ihr zusammen sein. Dein Wollen ist persönlich. Du kannst glauben, dein Wollen sei nicht emotional, aber ich sage dir, das ist es. Aber das Erstaunliche (was die Menschheit nicht erkennen kann) ist, dass man alles ohne Wollen tun kann.

Wie handle ich ohne Wollen? Ohne mir Ziele zu setzen? Tue einfach, wozu es dich hinzieht, und tue dein Bestes. Sagen wir, du bist Athlet ... Du musst nicht die Goldmedaille gewinnen wollen. Mach einfach dein Training. Egal, wofür du dich interessierst oder wo du dich hingezogen fühlst, übe es und tue es, weil es dir Vergnügen bereitet. Tue, was du gern tust. Wenn du es nicht liebst, wirst du deswegen emotional werden. Aber wenn du es einfach gerne machst, dann wirst du dein Bestes tun. Die Läufer stellen sich alle auf, und los geht's. Und solltest du die Goldmedaille gewinnen, sagst du, „Hey, das ist gut. Vielen Dank." Du hast es nicht gewollt, aber du weißt, dass der Preis eine Anerkennung deiner gottgegebenen Fähigkeiten oder deines Talentes ist – „Das ist gut. Danke." Du musst nicht konkurrieren.

Um zu konkurrieren, musst du eine Position einnehmen und dich von Anderen absetzen. In einer Prüfung, wenn du da konkurrierst, schließt du dich auf die eine oder andere Weise aus. Das ist Selbstliebe. Aber du musst nicht in Konkurrenz treten. Tue einfach dein Bestes. Siehst du, dass es keinen Grund für den emotionalen Stress gibt, den wir alle durchmachen – den Druck zu gewinnen, etwas zu erreichen?

Sieh mal, wie viel du hast. Sieh, wie viel du gewonnen hast. Du bist ziemlich gesund; hast wahrscheinlich genug Geld für einen Monat, oder möglicherweise für sechs Monate. Du hast irgendwo ein Haus oder eine Wohnung, als Besitz oder gemietet. Wahrscheinlich hast du ein Auto und Arbeit. Oder, wenn du keine Arbeit hast, dann, weil du keine willst. Geht es dir nicht ziemlich gut? Sieh mal, was du alles bekommen hast durch Dinge, die einfach passiert sind, ohne dass du dafür in Konkurrenz treten musstest. All das zu sehen, was du einfach in deinem Leben gewonnen hast, ist der Anfang davon, mit der Selbstliebe zu brechen.

Du bist der „Handelnde", so wie Barry Long der Handelnde ist. Er ist der Handelnde bei dem, was ganz natürlich geschieht. Aber wir verderben alles. Wir werden frustriert und unglücklich, weil wir tun, was wir tun müssen. Aber du musst der Handelnde sein. Du kannst deine Arbeit kündigen und nach Hause gehen und dir über das Geld Sorgen machen und andere Arbeit suchen, oder arbeitslos sein, was so langweilig ist, aber es ist alles „Handeln". Wir sind alle Handelnde. Erst, wenn du ein Problem daraus machst, wird der Handelnde emotional.

Wenn du dir das sehr genau anschaust, wirst du sehen, dass nicht du es bist, der deinen Körper belebt und ihn herumlaufen lässt, der deine Haare wachsen lässt und deine Haut ersetzt und heilt. Du hast damit nichts zu tun. Es geschieht durch etwas anderes, was nicht konkurriert. In der Tat ist es so, dass deine Emotionen häufig in Konkurrenz zum Heilungsprozess stehen. Es ist das Leben, das deinen Körper belebt. Das Leben ist für alles verantwortlich, was du bekommen hast. Du bist einfach ein Ausdruck des Lebens. Aber wenn du emotional bist und dich und die Welt aufregst, bist du ein Ausdruck des Normalzustandes der Menschheit. Und, wie du siehst, drücken die meisten Leute, die du kennst, diesen Zustand mehr oder weniger aus.

*

Selbstliebe heißt, dass du dein Selbst liebst. Also, wirst du das aufgeben?

Ich bitte dich, dich nicht zu ärgern. Niemals! Nicht nur nächstes Mal. Keinen Groll zu hegen – niemals. Keine Selbstzweifel zu hegen – niemals.

Natürlich kannst du das nicht. Du kannst nicht einfach aus dem normalen menschlichen Zustand herausspringen. Du musst ihn abstreifen, allmählich. Am besten fängst du damit an, dass du ihn verstehen lernst.

Ärger: Jedes Mal, wenn du dich ärgerst, heißt das, dass du etwas willst, das du nicht haben kannst. Du willst etwas, das ein anderer hat. Aber du kannst es nicht kriegen. Oder du willst das Unmögliche. Also warum sich darüber ärgern? Warum schaust du nicht, was du tun kannst? Das bedeutet, die Situation „anzuschauen" – nicht zu „denken". Sobald du darüber nachdenkst, kommt mehr Ärger hoch. Und wenn du darüber nachdenkst, was dir angetan wurde! – wenn du im Bett liegst mit all den Gedanken daran, oder jemand erinnert dich an das, was passierte ... Oh, „das verzeihst du ihnen nie!"

Blödsinn. Das bist du, der sein Selbst liebt.

Wie kannst du es wagen zu denken, du müsstest jemandem vergeben! Warum musst du das? Du musst nur vergeben, weil du Groll in dir hast, weil du den anderen anklagst für das, was dir geschehen ist. Aber was geschehen ist, war dein Werk. Du tust alles, was dir widerfährt. Egal, was dir scheinbar „angetan" wurde, du tust es; weil deine Emotionen dieselbe Art von

Emotionen in anderer Form anziehen. Alles, wogegen du kämpfst, ist dein Selbst.

*

Neben der Liebe zu unseren Gefühlen lieben wir unser Gedächtnis. Es ist der Normalzustand der Menschheit, sich mit dem Gedächtnis zu identifizieren, weil es Teil unseres Selbst ist. Meistens lassen wir dem Gedächtnis einfach freien Lauf und denken ziellos. Wir warten an der Bushaltestelle und in der wunderbaren Trance assoziativen Denkens führt ein Gedanke zum nächsten. Es gibt nicht genügend Selbst-Wissen, um das zu beenden. Aber wenn du in deinen Sinnen bist, kannst du nicht denken. Das „Sehen mit den Sinnen" hält die Gedanken sofort an. Es gibt kein Denken, wenn du einfach siehst und hörst, was ist; riechst, was ist; schmeckst, was ist, - wenn du in deinen Sinnen bist.

Das ist sehr einfach. Verstehst du das? (Ich sage nicht, es ist leicht. Ich sage, es ist einfach.)

Wenn du denkst, liebst du dein Selbst; denn das Denken als assoziatives Denken kommt von deinem Selbst. Da jedermann denkt, ist jedermann emotional; oder er unterdrückt die Emotionen.

Unterdrückung: Wenn du diese in dir hast, wirst du die Empfindung von Liebe verlieren. Wenn du ein Mann bist, der eine Frau liebt, wirst du nicht denselben Genuss empfinden. Unterdrücke eine Emotion oder eine Erinnerung, und du unterdrückst das Gute mit dem Schlechten. Deshalb kann die Frau, wenn sie sich permanent mit ihrem Unglücklichsein abfindet, in gewissem Maße den Genuss in ihrer Vagina nicht mehr spüren. Der Mann, der kein wirkliches Vergnügen mehr spürt, wird zu einer bloßen Sexmaschine. In ihm ist nur Selbstliebe und kein wirklicher Genuss.

*

Schauen wir uns jetzt mal die Hingabe an.

Hingabe ist ein sicherer Weg, sich vom Normalzustand der Menschheit zu befreien. Aber ich spreche nicht von religiöser Hingabe an Jesus, Krishna, den Islam – all den zeremoniellen Kram. Das führt dich nur wieder zu diesem Zustand zurück. Wahre Hingabe ist „Liebe plus Handlung".

Das Wort „Handlung" legt vielleicht persönliches Tun nahe, welches Selbst enthält. Sagen wir also, Hingabe ist Liebe plus „Aktivität". Wir können in

dieser Existenz Aktivität nicht vermeiden; das Herz
schlägt, der Körper atmet, die Uhr tickt und unmerk-
lich wird jeder älter. Da ist sehr viel Aktivität! Lass uns
jetzt einmal Hingabe in deine Erfahrung übertragen.
Ich werde dir jetzt etwas zu tun geben, was dich immer
mehr aus dem Zustand des Menschen heraus zu grö-
ßerer Intelligenz hinführen wird.

Du musst in dir eine Liebe zu etwas Größerem
als deinem Selbst haben. Ich bitte dich, jetzt einmal
in dich hineinzuschauen und zu sehen, ob das wahr
ist. Vielleicht ist es nicht so. Manche Leute sagen
vielleicht, sie wüssten es nicht – sie folgten nur der
Empfehlung von jemand anderem. Oder vielleicht
sagst du (wie es Leute manchmal tun), dass du von
dieser Wahrheit angezogen bist, weil du irgendwie
keine Wahl hast. Schaust du das also bitte einmal an
und übernimmst die Verantwortung für das, was du
tust? Schau hinter das „nicht wissen, warum" und
„keine Wahl haben". Sieh, dass tatsächlich in dir eine
Liebe zu etwas Größerem als dem Denker da ist;
größer als die Emotionen in dir. Sieh das jetzt in deiner eigenen Erfahrung ...

Du liebst etwas, das größer ist als dein Selbst. Ist
das wahr oder falsch?

Die Antwort ist entweder schwarz oder weiß. Die ganze Menschheit liebt Grau, aber in meiner Lehre gibt es kein Grau. Liebst du etwas Größeres als dich selbst? Wahr oder falsch? Da gibt es nichts dazwischen. Es stimmt nicht, dass du „keine Wahl hast" oder dass du „einfach hier bist".

Irgendwo ist in deinem Körper eine Liebe zu etwas Größerem als dein Selbst – nicht wahr?

Die Antwort ist „Ja" – aber du brauchst Intelligenz, um es zu sehen. Es reicht nicht, dass ich dir die Antwort sage. Du bist derjenige, der es sehen muss. Egal, wie schwach es ist. Der erste Schritt ist zu sehen, dass du diese Liebe in dir hast.

*

Du hast diese Liebe in dir. Manche Menschen haben eine tiefe, tiefe Liebe für das Größere, aber es ist eine Frage der Intelligenz, ob du dir dessen bewusst bist oder nicht. Hast du die Schnelligkeit der Intelligenz, um dich hinreichend von deinem emotionalen Wollen zu trennen? Kannst du sagen, „Ich liebe etwas Größeres als alles, was mein Selbst benennen kann"?

Da das, was du nicht benennen kannst, nichts ist,
worüber man reden kann, erscheint das Wort „Gott".
Nicht der Gott Jesus oder der Gott Allah, sondern der
wirkliche Gott in dir, den man nicht benennen kann
– das, was nicht auszudrücken ist und hinter den
Kulissen, hinter deinem Selbst, enorme Macht hat.
Es ist das, was dich hierher brachte, damit du bei mir
sein kannst, obwohl du von mir nichts anderes als die
Wahrheit bekommst (welche übrigens nicht erinnert
werden kann!). Du bist nur deshalb bei mir, um dem
ausgesetzt zu werden, was du liebst, was größer ist als
dein Selbst.

Ich nehme an, dass du in diesem Moment das
Wissen von dieser Liebe hast. Es ist Wissen. Kein
Gefühl. Keine Emotion. Und da gibt es keinen Zweifel.
Ich liebe es einfach. Und du?

*

Das ist die Liebe in der Hingabe. Und worin besteht
dann die Aktivität? (denn Hingabe ist „Liebe plus
Aktivität")

Ich werde dich bitten, die Augen zu schließen, aber
verfalle nicht in irgendeine meditative Haltung oder

Trance. Entspanne dich einfach so gut wie möglich und
sage einfach, ohne zu sprechen, in deinem Körper „Ich
liebe dich". Da ist kein Objekt des Liebens. Du weißt
einfach, die Liebe ist da. Also bitte tue das jetzt und sage
„Ich liebe dich", immer wieder.

*

„Ich liebe dich. Danke. Ich liebe dich. Danke."
    Du hast kein Objekt zum Lieben. Du liebst etwas
jenseits von Worten. Du benutzt keine Worte, aber
eine Zeit lang wirst du wahrscheinlich die Worte
mit dem Mund oder in der Kehle bilden. Wenn du
den Mund nicht öffnest und deine Zunge nicht
zum Sprechen benutzt, bewegt sich die Kehle von
selbst. Dies kann eventuell gleichzeitig mit einem
anderen Körperteil geschehen, der die Worte zu
sagen scheint. Aber wenn du das übst – nachts im
Bett, beim Frühstück, beim Spazierengehen, zu jeder
Gelegenheit – wird schließlich in dir die Aktivität sein
ohne ein Zusammenziehen der Kehle, ohne eine
Bewegung in dir, die Worte zu sagen. Du hast nur die
Aktivität des „Ich liebe dich. Danke."

Denke daran: Du hast kein Objekt und keinen
Gedanken. Wenn es anders ist und es haften irgend-
welche Emotionen an, wirst du dein Selbst lieben. Hier
geht es nicht um dein Selbst. Es geht um das unerklär-
bare Mysterium deiner Liebe.

„Ich liebe dich. Danke. Ich liebe dich einfach. Ich
weiß nicht, was du bist. Ich liebe dich einfach."

*

Jetzt hast du die „Liebe plus die Aktivität" – den Beginn
wahrer Hingabe. Du stellst dich nicht vor ein Kreuz
mit einem in Todesqualen daran hängenden Mann,
um ihm zu sagen, dass du ihn liebst. Du tust das in
deinem eigenen Körper, wo das Kreuz ist, das aus
deinen Emotionen und falschen Ideen besteht. Diese
Aktivität geschieht an einem Ort der Reinheit, wo das,
was du liebst, etwas ist, was du nicht erklären kannst
oder erklären möchtest.

„Ich weiß nicht, was du bist. Und es ist mir egal, was
du bist. Ich liebe dich einfach."

Du wirst wahrnehmen, wie dein Körper diese
Hingabe ausdrückt, welche jenseits deines Verstandes
und deiner Emotionen liegt. Er sagt vielleicht nur

„Liebe, Liebe, Liebe ..." Er sagt vielleicht „Wunder, Wunder! Schönheit, Schönheit!" Dies sind Worte wahrer Hingabe an das, was nicht erklärt oder beschrieben werden kann.

Ich muss Worte benutzen, um dir eine Idee von dem Ganzen zu geben, aber es sind nicht die Worte. Es ist ein Impuls aus dem Inneren des gesamten Körpers. Es ist die Aktivität in dir aus reiner, unverfälschter Anerkennung. Dann bist du voller Hingabe und Gott ergeben. Aber nur, wenn da kein Priester zwischen dir und deinem Geliebten steht. Du liebst das unnennbare Mysterium namens Gott. Niemand kann es dir beschreiben. Es ist nur in deiner Erfahrung da, nicht in der eines anderen, mit dem du zusammen bist. Du bist der Einzige. Es ist ganz allein Deins.

Solche Hingabe wird dich reinigen. Sie befreit von der Selbstliebe. Sie wird dich intelligenter machen. Dann wirst du, egal, was du sagst oder tust, sehr wahrscheinlich für deine Mitmenschen eine größere Hilfe sein.

*

Du denkst vielleicht, du „spielst" die Hingabe nur.
Du musst sie „spielen", weil du dein ganzes emotionales Leben gespielt hast. Jetzt musst du deine
Identifizierung mit deinem Selbst rückgängig machen.
Also spiele die Hingabe, wenn du das musst. Aber da
du dich mit etwas Wirklichem verbindest, wirst du
eines Tages sagen, „Mein Gott. Ich spiele nicht. Das ist
es. Ich liebe das wirklich, das Unnennbare."

Wenn du etwas liebst, bist du entspannt. Hingabe
versetzt dich in einen ständigen Zustand liebender
Aktivität. Je mehr du im Stande bist, dich auf diese
Weise intelligent zu machen, desto mehr kannst du
in der Welt lieben. Wenn du nur versuchst, liebevoll
zu sein, ohne zuerst das Unnennbare zu lieben, wird
deine Liebe nicht von Dauer sein – weil sie nicht aus
der richtigen Quelle kommt. Hingabe ist Liebe der
Quelle – deiner, meiner, der Quelle der ganzen weiten
Erde und Welt.

Wenn du in der Welt tätig wirst, und daher mit
deinem Verstand und deinen Gefühlen, wirst du
die Hingabe vergessen. Aber wenn eine Tragödie
zuschlägt, wird das Erste sein, was du sagst, „Gott
hilf mir." Wenn du Gott immer anerkennst, als eine
ständige innere Aktivität, wird dir Gott in jedem
Augenblick deines Lebens helfen; und du wirst das

wissen. Nur durch unsere Unterbrechung dieses
Zustandes müssen wir Gott um Hilfe bitten.

Liebe einfach das Unnennbare – nicht als zwang-
haftes Handeln, sondern als leichter, natürlicher
Ausdruck deiner großen und wunderbaren Liebe.
Die Fähigkeit, dies zu tun, entsteht aus der täglichen
Dankbarkeit für das, was du hast, was du erworben
hast, was du gewonnen hast oder für das, was du bist.
Mit anderen Worten, erkenne das Gute an – nicht
nur das Gute in der Natur, sondern alles Gute in
deinem Leben. Das Selbst wird immer die Probleme
anerkennen wollen. Aber Probleme sind nicht real;
sie sind nur für den Moment wahr. Wohingegen das
Wunder der Liebe zu dem, was unnennbar ist, für
immer wahr ist.

*

Der Normalzustand eines jeden ist es, voller Gedanken
und daher emotional zu sein, so dass wir zum Lieben
ein Objekt brauchen. Wir haben nicht die Intelligenz,
direkt lieben zu können – die Quelle der Liebe zu lieben. Deshalb müssen Religionen versuchen, dies durch
Symbole zu erreichen. Die Symbole verwandeln sich

zu Priestern, die zwischen dir und dem Unnennbaren stehen. Aber ich bin nicht religiös. Ich glaube an nichts. Ich bitte dich, wahr zu einer größeren Liebe zu sein als der Liebe zu einem Objekt – deinen Partner und dein Kind inbegriffen, weil die Liebe des Unnennbaren die Quelle ist. Liebe die Quelle der Liebe zuerst, vor dem Objekt. Sonst wirst du Schmerzen, Frustrationen, Enttäuschungen oder Ernüchterung erleben.

Ich habe versucht, dir zu vermitteln, wie du die Quelle zuerst liebst. Übe das so oft wie möglich und schließlich wird es in den unterbewussten und dann in den unbewussten (aber hoch intelligenten), ununterbrochenen Zustand des Seins übergehen. Dann verschwinden alle Probleme und dein Leben wird harmonisch – nicht nur ein Teil davon, sondern alles. Denn du bist in Harmonie mit der Quelle von allem.

LIEBE IST WISSEN

Fragen an Barry Long

Mann: *Wenn ich mein Leben betrachte, sehe ich, dass ich nie wirklich geliebt habe ...*

Viele Leute glauben, sie lieben, aber du bist in dich gegangen und hast die Wahrheit gesehen. Das ist großartig – weil es der Anfang davon ist, intelligenter zu werden.

Aber wenn ich nicht weiß, wie man liebt, und nicht einmal weiß, was Liebe ist, wie kann ich dann jemals das Göttliche in der Frau lieben?

Fühlst du dich von ihr angezogen?

Ja.

Warum fühlst du dich von ihr angezogen?

Es ist eine sexuelle Anziehung, oder? Zunächst mal ist alles in der Existenz sexuell. Aber du bist nicht in gleicher Weise von jeder Frau angezogen. Da ist also ein selektiver Prozess im Gange, der nicht unbedingt persönlich ist.

Siehst du manchmal die Schönheit in der Frau?

*Ja, aber ich glaube, dass das, was mich anzieht, nur
körperlich ist.*

Das ist die sexuelle Anziehung. Aber je mehr du dir
die Gelegenheit gibst, die Liebe zu entdecken, desto
eher ist es möglich, dass dir die Schönheit der Frau
offenbart wird. Und du wirst sehen, was in der Frau
ist, wenn die Weiblichkeit da ist. Du wirst einfach das
Lächeln sehen oder das Licht in ihren Augen; und
dann wird es wieder verschwinden. Aber du wirst
wissen: „Das genau liebe ich." Die Anerkennung der
Liebe bringt das Wissen davon. Es mag zunächst nur
flüchtig da sein. Aber mit genügender Anerkennung
ist das Wissen – „Ich liebe" – immer da.

Alles, was du tun musst, ist dein Leben zu leben.
Nichts passiert ohne den Prozess des Lebens. Viele
Männer sagen, sie haben Gott realisiert, und damit hat
sich's. Aber das ist eine falsche Vorstellung: Niemand
ist jemals am Ende, weil Gott kein Ende hat. Es gibt für
immer und ewig einen großen Zyklus von Leben und
Tod. Und hier treffen sich alle, wenn sie sich treffen.

Wen auch immer du treffen sollst, den wirst du
im großen Zyklus von Leben und Tod treffen. Nicht
durch „Wiedergeburt"! Barry Long wird niemals

wiedergeboren werden. Es ist Barry Longs Selbst-
Wissen, das in all den zahllosen Leben, die als dieses
Wissen gelebt werden, erhalten bleibt. Und dasselbe
trifft auf dich zu. Dein Selbst-Wissen ist immer da, um
hier gelebt zu werden, weil es Gott in dir ist. Es ist für
immer und ewig dein und wird immer da sein unter
den Sorgen, dem Wollen, den Hoffnungen, Wünschen,
Gebeten, Jesus und Mohammed und allem, was mit
der Vergangenheit in Zusammenhang steht.

*

Frau: *Mein ganzes Leben lang war ich isoliert, war
ich für mich – viele Jahre lang. Ich weiß nicht, ob es
für mich notwendig ist, da durchzugehen, oder ob ich
eine Art Mauer errichtet habe.*

Du hast dich isoliert und du hast dich wahrscheinlich
vom Mann abgeschottet. Aber jetzt ist es wichtig für
dich, die Frau zu sein, die du bist, jegliche selbstsüchtige Haltung, die du angenommen hast, aufzugeben
und das Muster zu durchbrechen. Also, was kannst du
tun? Wohin kannst du gehen? Gehst du raus und redest
mit den Leuten?

Nicht sehr oft.

Dann schlage ich vor, dass du das tust. Du musst für dein Leben mehr Verantwortung übernehmen. Die Isolation hast du dir selbst auferlegt. Wir sind nicht isoliert. Da draußen sind viele, viele Leute. Geh raus und misch dich unter sie. Aber uns ist das zu viel; es ist zu anstrengend. All diese Vorbehalte kommen von einem Knoten aus Selbst in uns. Den müssen wir durchstoßen. Es passt dir vielleicht nicht. Es ist vielleicht nicht das, was du willst. Aber es ist dein Problem. Du hast die Isolation erwähnt. Ich meine nicht, dass du herumlaufen und mit jedem plaudern sollst. Aber begib dich einfach in Gesellschaft. Du wirst bei einigen Leuten Resonanz finden, mit denen du reden kannst. Vielleicht bleibst du nur kurz bei ihnen, aber du wirst die Isolation durchbrochen haben.

Wenn eine Frau anfängt, sich dem Leben zu öffnen, beginnt die Weiblichkeit in ihr nach außen zu strahlen. Und dann nimmst du vielleicht wahr, dass du dich dem Mann mehr öffnest. Hab davor keine Angst. Kein Mann kann sich an dich binden, wenn es dir nicht gefällt. Du hast die Verantwortung für dein Leben. Sei offen für die Liebe, aber nicht für Sex. Es mag in sexueller Liebe enden, wer weiß? Aber am Anfang muss es eine Art Resonanz geben, eine Art Anziehung.

Das mache ich mir jetzt zum Vorwurf. Ich habe mich zu lange abgeschottet.

Nein! Das darfst du nicht. Das ist das sich selbst verurteilende Selbst. Verurteile dich nicht für das, was du in der Vergangenheit getan hast. Du musst heute neu sein!

Was immer du getan hast, war absolut notwendig. Denke nicht darüber nach. Es gibt keinen einzigen Augenblick in deinem Leben, der nicht notwendig ist. Die Frage ist: Muss sich das Muster fortsetzen? Nein. Wir sind jeden Moment frisch und neu. Wenn nicht, schleppen wir eine schwere Kette hinter uns her. Also, mach dir keine Vorwürfe. Öffne dich einfach. Hörst du mich?

Ja, danke.

Wir müssen uns die Schwierigkeiten in unserem Leben anschauen, um sie besser zu verstehen. Wenn du eine Wahrheit über dich erkannt hast, dann hast du die Energie, dein Leben ehrlicher – weniger emotional – anzuschauen. Sobald du wirklich gesehen hast, was du nicht willst in deinem Leben, ist es möglich, Maßnahmen zu ergreifen.

*

Frau: Ich habe keinen Partner. Kann ich irgendetwas
tun, um den richtigen Mann zu mir zu bringen?

Der einzige Rat, den ich dir geben kann, ist Gott anzuerkennen. Gott ist es, der den richtigen Mann (oder die
richtige Frau für den Mann) zu dir bringt. Anstatt über
dich nachzudenken, sei einfach in einem Zustand von
Frieden und Richtigkeit. Sieh die Schönheit des grünen
Grases und der ganzen Natur und erkenne sie an.

Und lächle mehr als du es vielleicht normalerweise tust! Lächle von innen her. Geh mit diesem
inneren Lächeln umher und die Mundwinkel werden sich heben! Das bringt eine gewisse psychische
Veränderung mit sich. Du kannst sagen, dass ist ja nur
ein Trick, aber wenn du die Mundwinkel anhebst, passiert auch in dir etwas. Erstaunlich, nicht wahr? Um dich
herum sind Leute. Du kannst sie doch grüßen? Nicht
jeden, sondern einfach dann, wenn du den Impuls
verspürst es zu tun. Jeder Gruß ist eine Art Liebe.

Du musst offen sein und dich nicht wegen irgend-
welcher vergangenen Umstände vom Leben abwen-
den. Überlasse es der Macht, die dich geschaffen hat
und alles in Gang hält. Du kennst doch diese Macht
in dir?

Ja.

Ja, du bist Frau – das weibliche Prinzip Gottes. Das bist du; die einzige Frau. Jeder ist „die einzige Frau" oder „der einzige Mann"! (Du bist nicht die Frau oder der Mann da drüben, stimmt's?)

Was zählt ist, dass du dich innerlich schön machst. Äußere Schönheit ist oft eine Bürde, weil es Leute zu einem bringt, die davon angezogen werden, aber dann nicht bleiben. Jede Frau sollte sich durch die Anerkennung der Schönheit und Süße des Lebens innerlich so schön wie möglich machen.

Es mag eine Zeit geben, wo du allein bist, aber irgendetwas wird passieren, um das zu ändern. Gehe nicht auf die Suche nach irgendetwas. Aber hab keine Furcht. Sei „so klug wie die Schlangen und sanft wie die Tauben".

Junger Mann: *Wenn ich eine schöne Frau sehe, fühle ich mich von ihr angezogen. Da ist ein Verlangen. Wenn ich dich recht verstehe, kann ich diesem Gefühl nicht trauen. Aber wie kann ich von Frauen umgeben sein ohne diesen Druck? Sogar, wenn ich einfach eine ansehe, möchte ich irgendwie mit ihr ...*

Du wirst nie aufhören, die Anziehung einer schönen Frau und das Verlangen nach ihr zu spüren. Aber die Frage dreht sich um Begierde, nicht wahr?

Begierde heißt dir auszumalen, wie du mit einer Frau schläfst: „Ah, wäre es nicht toll, mit ihr im Bett zu sein!" Das bedeutet, dass du dir ihre Geschlechtsteile vorstellst und das so lange tust, bis du dich selbst befriedigst, was du am Ende dann auch tun musst. Begierde ist Denken, wohingegen es beim Liebesakt oder im Zustand der Liebe kein Denken gibt. Du musst die Schönheit der Frau sehen, ohne sie besitzen zu wollen. Da fängt die Liebe an.

Sag mir, wie ist dein Liebesleben?

Okay ... Naja, ich liebe gerade keine Frau, ich schlafe mit keiner.

Wie kommt das? Hast du Angst?

Es gibt Frauen, mit denen ich mich wohl fühle. Da ist eine Nähe, aber es fehlt das Körperliche.

Gibt es eine bestimmte Frau, mit der du befreundet bist?

Ja, schon ...

Ja, schon! Warum sprichst du mit ihr nicht über Liebe?
Du findest vielleicht heraus, dass du dich der Liebe ver-
weigerst. Oder es gibt etwas in deiner Vergangenheit,
was dich etwas ängstlich macht. Oder du gibst zu
früh auf und sagst „Was hat das denn für einen Sinn?".
Also rede mit ihr und vermeide nicht das Thema
Miteinander-Schlafen. Es ist natürlich für einen jungen Mann, mit einer Frau zusammen sein zu wollen,
und ich glaube, du solltest mal einen Versuch starten.
Wenn du nicht geliebt hast, kannst du den Sex in dir
nicht überwinden; kannst nicht lernen zu lieben.

Die Liebe ist natürlich. Es ist klar, dass der sexuelle
Trieb da sein wird, aber du musst es genießen, mit
der Frau zusammen zu sein, und nicht deinen Trieb
genießen. Du musst nicht die anderen Jungs imitieren
und tun, was die Zeitschriften sagen. Es ist ein großer
Genuss, bei einer Frau zu sein, sie in den Armen zu halten und sie zu küssen. Es ist ein Genuss, kein Trieb.

Glaubst du, ich könnte Recht haben?

Ja.

Also, willst du den Versuch machen?

Ja.

*

Frau: *Ist es nicht zu viel von den Männern verlangt, ihre Sexualität aufzugeben?*

Meine Lehre verlangt tatsächlich eine ganze Menge von den Männern, die sie praktizieren. Aber, so Gott will, werde ich nie aufhören, sie näher hin zu Gott zu drängen. Denn Liebe ist Gott. Sie müssen bereit sein und ihre Partnerinnen müssen Frauen der Liebe sein, die mit der Sexualität des Mannes keinen Kompromiss eingehen – die der Mann haben muss, weil er lernen muss, was Liebe ist. Wenn er sie nur „halb liebt" und nur halb bereit ist, ist es sehr schwierig. Aber es gibt Männer, die darauf eingehen; die die Frau so sehr lieben, dass sie sie verehren. Dann ist es nicht so schwierig.

Ich bringe die Verehrung der Frau in diese Welt. Ohne die Komplikationen durch den Sex ist die Frau Gott in weiblicher Form. Wenn der Mann hinreichend von ihr angezogen ist und bereit ist, seine Zerstreuungen aufzugeben, dann wird schließlich eine solche Liebe in ihm sein, dass er sie verehrt.

Ich kann die Frau nicht anbeten, denn nur Gott ist anbetungswürdig. Aber ich kann die Frau verehren als Gott in weiblicher Form. Die Liebe wird zur Verehrung ihrer Schönheit. Die Schönheit ist die Liebe.

Deshalb dränge ich den Mann, die Liebe zu finden. Er ist in seinem Kopf. Er muss sein ganzer Körper wer-

den. Und wenn er wirklich die Liebe findet, muss er in
sie hineingehen, nicht vor ihr davonlaufen. Er muss ins
Feuer gehen. Er muss seine Unabhängigkeit verlieren.
Das ist seine größte Angst. Er fürchtet, dass er zu viel
aufgeben muss, wenn er die Frau wirklich liebt.

So spreche ich also darüber, wie der Mann die Frau
lieben lernt und die Frau keine Kompromisse schließt.
Und ich sage zu ihr: Geh nicht mit der Sexualität des
Mannes mit. Geh nicht mit ihm ins Bett, wenn er
dich nicht genug liebt. Er muss dich umwerben und
Interesse an dir zeigen und gerne mit dir zusammen
sein. Er muss nicht perfekt sein. Er muss dich einfach
genug lieben, ohne Ablenkungen. In dieser Welt
haben wir die Liebe des Mannes zum Mann, der Frau
zur Frau, Liebe zu meiner Katze, Liebe zu meinem
Auto, Liebe zu meinen Emotionen - jegliche Form von
Liebe vor der Liebe zu meiner Frau oder zu meinem
Mann. Und dann gibt es die Liebe für mein Kind.
Aber die Kinder sollten niemals vor dem Mann oder
der Frau kommen. Die Liebe zu meiner Frau (oder
meinem Mann) muss immer zuerst kommen.

*

Frau: *Manchmal, wenn ich mit meinem Partner im Bett bin, finde ich es so schwer, die Liebe in mir zu finden – das Bett ist voll von Sexenergie.*

Das kommt von der Konditionierung im Zusammenhang mit deinen früheren sexuellen Erfahrungen. Du musst dich deshalb von der Konditionierung befreien.

Wo anfangen? Vielleicht in der Küche ... Dein Mann stellt sich hinter dich und küsst dich auf den Nacken und du weißt, dass er dich liebt. Er liebt deinen Geruch und deine Berührung. Die Liebe beginnt bei einem Mann, wenn er in der Lage ist, dich in Liebe zu berühren und nicht sexuell nach dir zu grabschen. Du erhältst die Sicherheit, dass in ihm Liebe ist, nicht nur Sex.

Dann, wenn ihr zusammen im Bett seid, nehmt euch viel Zeit für das Liebesspiel, bevor er in dich eindringt. Beachtet, dass ich es nicht „Vorspiel" nenne wie all die Zeitschriften und Sexratgeber. Vorspiel heißt, dass der Mann die Frau erregt – damit sie ihm sexuelle Gefühle zurückgibt. Liebesspiel arbeitet auf kein Ziel hin, obwohl eventuell etwas passieren kann. Für den Mann geht es darum, die Frau zu genießen, als ob er in ihr wäre. Er liebt sie einfach, jetzt, ohne den Versuch, in sie einzudringen, um zu ejakulieren. Er küsst und liebkost sie einfach, ohne dass der Sex ihn ergreift. Er hat keine Eile.

Je mehr ihr das praktizieren könnt, desto mehr wird die sexuelle Konditionierung verschwinden. Aber nur die Liebe wird sie beenden und dein Mann muss dich richtig lieben. Wenn er dich wahrhaft liebt, wenn er sagt, „Ich liebe dich einfach. Alles andere ist mir egal", dann wird die Konditionierung allmählich aufgelöst.

*

Mann: *Ich möchte gerne die körperliche Liebe in der richtigen Weise praktizieren, aber ich habe ein Problem ... ich verliere die Erektion. Außer wenn ich mich sexuell erregen kann!*

Der Penis ist heutzutage ein sexuelles Werkzeug. Der Genuss des Mannes wird hauptsächlich von ihm selbst erzeugt, anstatt dass sie vom Körper der Frau in den Penis kommt. Weißt du, dass es auch dann noch ein großer Genuss ist, in der Vagina zu sein, wenn du dich nicht sexuell mit dem Penis identifizierst? Ist das für dich die Wahrheit?

Du musst vom sexuellen Trieb zum reinen Genuss kommen, in der Frau zu sein. Aber es ist schwierig, weil der sexuelle Penis nur glücklich ist, wenn er etwas tut. Er hat eine gewisse Triebkraft in sich; und ohne die kann er seine Erektion verlieren. Was kannst du also tun? Das Erste ist, ein Gespür zu bekommen für die Süße des Körpers der Frau. Das wird dir nicht gelingen, wenn du aufgedreht und erregt bist.

Dann: Weißt du, dass du sie liebst? Nimm deinen sexuellen Trieb weg ... Liebst du sie dann immer noch? Liebst du wirklich die Weiblichkeit? Das ist doch die Frage, nicht wahr?

Also, wenn du diese Art von Problem hast, schlage ich vor, dass du mit einem Minimum an Vorspiel in die Frau eindringst. Wenn sie dich liebt, wird sie damit kein Problem haben. Wenn du sie nicht drängst; wenn du nicht mit einem erregten Penis herumläufst, wo ist dann das Problem?

*

Mann: *Ich habe versucht, meine Partnerin so zu lieben, wie du es lehrst. Ich will keinen Sex in sie hineinbringen, also halte ich die Ejakulation zurück.*

*Mir ist das immer besser gelungen. Aber ich bin etwas
unsicher deshalb, weil sie sich mir manchmal öffnet
und der Genuss so intensiv ist, dass ich von einem
Orgasmus überrascht werde.*

Wenn du dabei bist, die Frau zu lieben, setze keine
manipulativen mentalen Kräfte ein, um von ihr zu
bekommen, was du willst. Halte nicht den Orgasmus
zurück, damit sie deine sexuelle Leistungsfähigkeit
liebt. (Diese Sorte Mann gibt es.) Du liebst sie, um sie
zu erfreuen und ihr Vergnügen zu bereiten; nicht, weil
du einen Orgasmus willst. Du tust es für die Liebe,
nicht für irgendeinen egoistischen Zweck. Dies führt
zu immer mehr liebender Kontrolle des Bedürfnisses
zu ejakulieren. Es wird immer natürlicher.

Wenn sich die Frau wirklich öffnet, kann dich das
überraschen. Plötzlich ist sie da! Sie benötigt gewöhnlich einige Zeit, um dahin zu kommen. Bis dahin ist der
sexuelle Mann normalerweise schon „gekommen".
Für ihn passt es, aber sie hat nicht einmal damit begon-
nen, sich zu öffnen!

Es ist die Liebe, die die Frau sich dem Mann
öffnen lässt. Liebe verändert die Frequenz jeder
Kommunikation.

*

Frau: *Manchmal, wenn wir uns lieben, kommen wir vielleicht nach einer halben Stunde dahin, wo die sexuelle Temperatur anfängt zu steigen. Und ich frage mich, ob es am besten wäre, an diesem Punkt anzuhalten?*

Ist es sexuelle Erregung? Oder ist es schieres Vergnügen?

Die Frau weiß, wenn es sexuell ist. Wird der Mann erregt? Oder wirst du es? Sind Fantasien da? Möchte er einen Orgasmus? Ist es das, was ihn erregt? Drängt er dich? Sex ist dann da, wenn der Mann unter Druck steht.

Verlierst du dich in einer Art Tagtraum? Bist du noch da und genießt es wirklich oder hast du dich innerlich von ihm entfernt?

Ich möchte euer Vergnügen beim Lieben nicht schmälern. Wir können uns so lange lieben, wie wir es genießen, obwohl der Mann wahrscheinlich alle paar Tage einen Orgasmus haben muss, wenn ihr euch viel liebt. Das ist kein Problem. Er sollte nicht einer jener großen Liebhaber sein, die ihren Orgasmus wochenlang unterdrücken. Das ist nicht heilig. Das hieße sich mit dem Verstand zu kontrollieren, statt zu lieben.

Aber das tut er nicht, oder?

Nein. Aber ab einem bestimmten Punkt weiß ich aus Erfahrung, dass er gleich kommen könnte. Wenn das in meinem Kopf auftaucht, kommt vielleicht etwas „Wollen" in mir hoch.

Ist das dann, wenn du dich ihm zu öffnen beginnst?

Ja. So scheint es zu sein.

Die Frau ist nicht immer bereit, sich dem Mann zu öffnen – obwohl er gern glauben würde, dass sie jeden Moment offen sein sollte! Manchmal ist sie es nicht. Sie fängt damit an, mit ihm zu schlafen, und will sich ihm hingeben – sie will sich immer dem Mann, den sie liebt, hingeben – aber er ist vielleicht heute nicht völlig für sie in Ordnung oder überlässt sich Gedanken oder Fantasien. Sie muss überzeugt sein, dass er sie wirklich liebt. Dies geschieht tief in ihrem Unterbewusstsein. Der Körper reagiert und sie erreicht einen Punkt, wo sie sich öffnet. Wenn das passiert, setzt sie sich der Liebe bedingungslos aus. Er empfängt psychisch die Nachricht und wird dadurch wahrscheinlich mehr stimuliert. Es gibt nichts, was dem Öffnen einer Frau dem Mann gegenüber gleich-kommt. Die psychische Übertragung kann ihn zum Orgasmus bringen.

Ich höre nichts Falsches in dem, was du beschreibst. Sei also nicht zu hart mit dir oder deinem Mann.

*

Frau: *Ich bin gerne mit meinen Freunden zusammen. Aber denkst du, dass Mann und Frau einfach Freunde sein können?*

Du bist mit einem Freund auf der gleichen Wellenlänge, weil es eine Resonanz zwischen euch gibt. Aber wirkliche Resonanz ist Liebe. Was die Frau wirklich braucht, ist, dass der Mann sie liebt. Sie braucht keine Freundinnen außer wenn kein Mann da ist, der sie liebt.

Wie ist dein Liebesleben?

Es ist nicht ... Ich habe keins. Meine letzte Beziehung ging bis vor zweieinhalb Jahren.

Du bist eine attraktive, junge Frau. Würdest du sagen, du bist etwas ängstlich?

Ja, das bin ich.

Der Hauptgrund, warum sich die Frau vor der Liebe fürchtet, sind ihre vergangenen Erfahrungen und der Mangel an Liebe beim Mann. Ist das die Wahrheit?

Ja.

Die Frau ist sehr zerbrechlich. Mir ist egal, wie hart sie sich nach außen gibt. Sie ist unermesslich intelligent und schön, aber der Mangel an Liebe des Mannes verletzt sie. Das führt dazu, dass sie sich gegen ihn wendet. Sie entwickelt eine Furcht in sich und, selbst wenn ein netter, guter Mann zu ihr kommt, wendet sie sich ab. Ganz viele Frauen, die keine Beziehung haben, befinden sich in diesem Zustand.

Mein Rezept dagegen (mir ist klar, dass das etwas vereinfachend ist) ist es zu sagen: „Ich bin für die Liebe bereit – jederzeit! Aber nicht für Sex." Natürlich kann es passieren, dass du den Ansturm der Männer nicht überlebst, du musst also sagen, „Nein! Ich sagte Liebe. Nicht Sex."

Solange du dich nicht verliebst oder von klitoraler Erregung verführen lässt, hast du die Kontrolle. Du kannst sagen, „Ich bin hier für die Liebe. Ich kann einen Mann lieben, der von der Realität der Liebe und der Schönheit der Natur sprechen kann. Aber ich bin nicht hier, um sexuell erregt zu werden. Wenn du hier bist, um mich auf diese Weise zu verführen, bist du an die falsche Frau geraten."

Einen echten Mann wird das nicht abschrecken. Du musst vorsichtig sein, denn es gibt Wölfe im Schafspelz. Aber du weißt es, wenn der Mann Liebe in sich hat. Du musst es wissen, denn du hast die große Intelligenz der Liebe in dir, sie wurde nur durch Furcht und Selbstzweifel verschüttet.

Sowohl Selbstzweifel wie Mangel an Selbstwert kommen vom Mangel, nicht geliebt zu werden. Ein Mann hat dich verlassen. Er hat dich nicht genug geliebt. Also gibst du dir die Schuld dafür. Der Mann kann sich dann und wann schuldig fühlen, aber nicht sehr. Es ist die Frau, die sich schuldig fühlt: „Ich habe ihn nicht genug geliebt. Es ist mein Fehler."

Es ist nicht dein Fehler! Keinem ist ein Vorwurf zu machen.

Du musst wissen, Frau, dass du enorm intelligent bist. Nicht wie der Mann; er ist clever, aber im Grunde nicht so intelligent wie die Frau. Und dennoch hat sie ihre Intelligenz mit Emotionen überdeckt. Sie kann nicht sprechen, ohne das, was sie sagt, zu emotionalisieren. Also sagt der Mann, „Vergiss es." Er kann mit einer emotionalen Frau nicht reden. Er kann es einfach nicht.

„Aber", schreit sie, „ich sage die Wahrheit!"

Sie mag die Wahrheit sagen, aber sie wird nicht gehört werden, weil in Emotionen verpackte Wahrheiten nicht viel wert sind. Niemand will sie hören. Deshalb musst du lernen, die Emotionen aus dir herauszukriegen.

Entschuldige, aber wie? Wie kann ich jemals von meinen Emotionen frei werden?

Du musst der Liebe zu Gott den Vorrang geben. Du hast den Mann zuerst geliebt. Du hast dich an ihn angehaftet. Also verletzt er dich. Gib der Liebe zu Gott den Vorrang und du kannst den Mann wieder lieben und ihn mehr lieben.

Gott hat dich hierher gebracht, damit ich dir das sage. Gott jenseits jeder Beschreibung. Gott in dir. Wenn du dem den Vorrang gibst, ist es wahrscheinlicher, dass du Gott oder die Wahrheit im Mann siehst – denn das ist die Resonanz Gottes in dir.

Die Liebe zu Gott ist die große Resonanz. Dieses Nichts ist das, was die ganze Zeit in mir schwingt. Es ist das, was uns eine größere Vision, größere Wahrnehmung und größere Liebe gibt.

*

Mann: *Meine Frau und ich haben vor Kurzem mitei-*
nander geschlafen und hatten die Art von Erfahrung,
die du beschreibst. Wir hatten keinen Sex. Wir haben
uns wirklich geliebt. Dann, ein paar Tage später, sagt
sie: „Ich bin nicht ganz sicher, ob ich dich wirklich
liebe. Ich glaube schon, aber ich bin nicht sicher, was
ich fühle." Meine Frage ist deshalb: Nachdem wir
uns in solcher Weise geliebt haben, wie kann es da
irgendeinen Zweifel darüber geben?

Der Zweifel ist da, weil sie daran gewöhnt ist, das Gefühl
von Liebe zu haben. Wenn du tiefer in die Liebe hinein-
gehst, sagst du vielleicht: „Ich weiß nicht, ob ich meinen
Partner liebe!" Und zwar deshalb, weil dieses schöne
Gefühl, einander zu lieben, nicht mehr da ist.

Aber die Liebe ist kein Gefühl! Wenn du das
Gefühl von Liebe hast, emotionalisierst du die
Liebe. Was du hast, sind Körperempfindungen, nicht
Gefühle. Wie, wenn du ein Glas Wasser trinkst, das ist
eine Körperempfindung, kein Gefühl. Ich sage, alle
Gefühle sind Interpretationen von Erfahrungen und
irreführend. Sie ändern sich dauernd. Gute Gefühle
verwandeln sich ins Negative. Im spirituellen Leben
hörst du allmählich auf, dich mit all den Gefühlen
zu identifizieren. Aber die Körperempfindung von
Liebe oder Freude oder Schönheit ist immer noch

da. Und da ist das Wissen „Ich liebe ihn. Ich liebe sie."

Es ist nicht nur die Frau, die das Gefühl von Liebe verliert. Du sagst vielleicht: „Ich weiß nicht, ob ich sie liebe oder nicht; ob ich bei ihr bleiben sollte oder nicht ..." Aber dann findest du eventuell in dir das Wissen, dass du sie liebst. Du musst dich an diesen Wandel weg von den Gefühlen gewöhnen. Du wirst das Wissen haben, dass du sie liebst, und dies wird immer mehr wachsen.

Es war deine Frau, die sagte „Ich bin nicht sicher, ob ich dich liebe."

Kann ich mit ihr sprechen?

Ja, sie ist hier bei mir.

Gut. Also, jetzt muss ich die Dame fragen: Hat das, was ich gesagt habe, irgendeine Bedeutung für dich?

Ja, das hat es.

Gut. Die Frau muss das Wissen von der Liebe haben. Mit dem Gefühl von Liebe wird sie anfangen launisch zu werden, weil sie an manchen Tagen nicht dasselbe fühlen wird wie an anderen Tagen. Sie wird sich an den Mann klammern – Klammern kommt aus den Gefühlen – und sie wird Angst entwickeln, ihn zu verlieren. Das Gefühl von Liebe ist nicht immer da, oder?

Wohingegen das Wissen von der Liebe gleich bleibt.
Es verändert sich nicht. Wissen enthält kein Gefühl.

Darf ich fragen: Als du mit deinem Mann geschlafen hast, wie er es beschreibt, habt ihr beide diesen
wunderschönen Punkt erreicht?

Ja.

Gut. Jedes Mal, wenn ihr das tut, werdet ihr tiefer in die
Liebe in euch hineingehen. Dann werdet ihr mehr im
Wissen als im Gefühl sein. Ich sage nicht, dass ihr kein
Gefühl von Liebe mehr haben werdet. Ich sage, dass
ihr euch davon nicht irreführen lassen dürft.

Du hast zu deinem Mann gesagt: „Ich weiß nicht,
ob ich dich liebe." Aber du kannst im Kopf nicht
wissen, ob du jemanden liebst. Der Verstand kennt
Dinge – deine Adresse, deine Telefonnummer, alles!
Aber der Verstand hat kein Wissen in sich. Ist das nicht
erstaunlich!

Wissen bezieht sich auf Liebe, Leben, Wahrheit
und Tod. Der Verstand weiß alles andere, aber er kann
nichts von Liebe wissen. Die Wissenschaftler sagen,
„Wir haben wissenschaftliches Wissen." Sie haben wis-
senschaftliche Erfahrung und Informationen, aber sie
haben kein Wissen.

Vom Verstand her sagst du wahrscheinlich, „Sag mir, dass du mich liebst."

Fünf Minuten später: „Sag mir, dass du mich liebst."

„Ich hab's dir doch gesagt!"

Der Verstand vergisst. Er will wissen. Aber er kann die Liebe nicht begreifen. Während das Wissen von Liebe sagt: „Du liebst mich."

Nicht: „Du hast mich gestern geliebt. Wirst du mich morgen lieben?" Ich weiß, dass meine Frau mich liebt, selbst wenn sie mich verlässt oder woanders hingehen muss; selbst wenn sie stirbt, weiß ich, dass sie mich liebt. Das ist das Wissen von der Liebe. Wissen ist absolute Gewissheit.

Denkt daran: Die Liebe ist kein Gefühl, sie ist Wissen. Bleibt bei dem. Liebt euch und macht kein Problem daraus.

Solange du liebst, was du liest, oder den Klang der
Wahrheit darin hörst, spiegelt sich die Schönheit in
dir in den Worten. Der Meister teilt dir so gut er kann
die Wahrheit mit, die er weiß und realisiert hat. Und
das hilft dir, die Wahrheit mehr zu lieben, weil es etwas
mehr von deinem Selbst und deinen Meinungen
auflöst. Aus deiner Wahrheit erwächst dein eigenes
Selbst-Wissen. Du gibst ihm Realität. Aber wenn du
die Worte des Meisters nur liest, wie Leute Gedichte
lesen, wird das dein Leben nicht ändern. Die Leute
leben nicht die Gedichte, die sie lesen. Dein Leben
kann sich nur ändern, indem du etwas lebst, was im
Einklang mit deinem Selbst-Wissen steht. Ich vertraue
darauf, dass du meine Worte liest und immer wieder
liest, bis du findest, was für dich funktioniert.

Über den Autor

Barry Long (1926 – 2003) war ein australischer spirituueller Lehrer und Autor von Büchern über Meditation,
Selbsterkenntnis und die spirituelle Natur von Mann
und Frau. Seine Werke sind in zwölf Sprachen übersetzt. Zwischen 1982 und 2002 lehrte er öffentlich in
Australien, Europa und Nordamerika.

Bei diesen Veranstaltungen forderte er seine Zuhörer
auf, nichts von dem zu glauben, was er sagte, sondern
es in der eigenen Erfahrung zu testen. Barry Longs einzigartiges Markenzeichen ist seine praktische, direkte,
jedem sofort zugängliche Art, zu kommunizieren. Er
ist vor allem bekannt geworden durch seine Lehre von
der Beziehung von Mann und Frau.

Einmal schrieb er: „Das göttliche Prinzip Frau war
meine Lehrerin. Ich bin von ihr geführt worden. Ich
bin von ihr gekreuzigt worden. Und ganz sicher werde
ich von ihr geliebt. Ich bin das Produkt jener Liebe,
und meine Lehre ist es ebenso".

QUELLEN

Dieses Buch basiert auf Auszügen aus sechs Vorträgen, die Barry Long über den Zeitraum von acht Jahren gehalten hat. In seinen Seminaren sprach er über alle Aspekte des Zustands der Menschheit und der spirituellen Natur des Menschen und des Universums. Es wurden gerade diese Vorträge ausgewählt, weil sie die Hauptlinien von Barry Longs Lehre über Liebe, Sex und Beziehungen enthalten.

DER SINN DER LIEBE
Koningshof Congress Centre, Eindhoven, Niederlande: August 1996.
Originalaufnahme, veröffentlicht 1997 von The Barry Long Foundation International als Audiokassette „Love Brings All To Life – The Great Art".

DIE SCHÖNE UND DAS BIEST
Barry Longs „Master Session", Cabarita Beach, NSW, Australien, November 1994. Veröffentlicht 1997

von The Barry Long Foundation International als Audiokassette „Beauty and the Beast. The Quest of the Noble Man".

VOM SEX ZUR LIEBE
Barry Longs „Master Session", Cabarita Beach, NSW, Australien, November 2000. Veröffentlicht 2005 von The Barry Long Foundation International als CD „Transforming Sex into Love".

LIEBE IST WAHR / LIEBE IST EHRLICH
Ein Seminar mit Barry Long: Sydney, Australien, März 1997. Veröffentlicht 1997 von The Barry Long Foundation International als Audiokassette „Being Honest to Love".

LIEBE IST INTELLIGENT
Seminar an der Gold Coast, Australien, Juli 2002. Veröffentlicht 2002 von The Barry Long Foundation International als Audiokassette „Being Responsible for Love".

Von Selbstliebe zur Hingabe
Barry Longs „Master Session", Gold Coast, Australien,
November 2001. Veröffentlicht 2004 von The Barry
Long Foundation International als Audiokassette
„Loving the Unnameable".

Liebe ist Wissen
Barry Long war während seiner Seminare immer für
Fragen offen. Diese Fragen und Dialoge kommen von
denselben Seminaren wie „Liebe ist ehrlich" und „Vom
Sex zur Liebe".

Alle hier erwähnten englischsprachigen Medien
können erworben werden von:

The Barry Long Foundation International
PO Box 5277, Gold Coast MC, Queensland 4217,
Australien
www.barrylong.org, info@barrylong.org

BARRY LONG BIBLIOGRAPHIE

Briefe in Liebe	*Param Verlag 2002*
Den Tod durchschauen	*MB-Verlag 2001*
Der Weg nach innen	*MB-Verlag 2005*
Ein Gebet für das Leben	*MB-Verlag 2003*
Liebe und Leere [CDs]	*MB-Verlag 2006*
Deine Liebe leben	*MB-Verlag 2009*
Meditation Grundlagenkurs	
	Kamphausen Verlag 1996
Nur die Angst stirbt	*Kamphausen Verlag 1996*
Selbsterkenntnis	*Kamphausen Verlag 1998*
Sexuelle Liebe auf göttliche Weise	*MB-Verlag 2001*
Stille ist der Weg	*MB-Verlag 2008*
Was Kinder brauchen	*Innenwelt Verlag 2007*
Was Eltern geben können	*Innenwelt Verlag 2007*
Zusammen Sein [CDs]	*MB-Verlag 2006*

Der jeweils aktuelle Stand deutscher Veröffentlichungen findet sich unter www.buchhandel.de

Hinweis für Buchhändler: Falls der Titel bei Ihnen nicht gelistet ist, überprüfen Sie bitte die Verfügbarkeit unter www.vlb.de. Danke.

EMPFEHLUNG:

Neues Cover!

Barry Long
Sexuelle Liebe auf göttliche Weise
ISBN 978-3-9807509-1-2, MB-Verlag

Dies ist das erste Buch in diesem Set über die Liebe zwischen Mann und Frau. Darin geht es in erster Linie um die sexuelle Liebe. Es ist das bekannteste Werk von Barry Long.

In einer einzigartigen Einfachheit wird hier beschrieben, wie es Paaren möglich ist, mehr in die Liebe zu gehen, statt sich im Sex zu verlieren.

Erscheint im Sommer 2012 in der
14. überarbeiteten Auflage.